INVE$TI MENTO$

Martin Casals Iglesias

INVE$TI MENTO$

Textos para nunca mais esquecer

ALTA BOOKS
EDITORA
Rio de Janeiro, 2019

Investimentos
Copyright © 2019 da Starlin Alta Editora e Consultoria Eireli. ISBN: 978-85-508-1166-6

Impresso no Brasil — 1ª Edição, 2019 — Edição revisada conforme o Acordo Ortográfico da Língua Portuguesa de 2009.

Publique seu livro com a Alta Books. Para mais informações envie um e-mail para autoria@altabooks.com.br

Obra disponível para venda corporativa e/ou personalizada. Para mais informações, fale com projetos@altabooks.com.br

Produção Editorial
Editora Alta Books

Gerência Editorial
Anderson Vieira

Produtor Editorial
Juliana de Oliveira
Thiê Alves

Assistente Editorial
Leandro Lacerda

Marketing Editorial
marketing@altabooks.com.br

Editor de Aquisição
José Rugeri
j.rugeri@altabooks.com.br

Vendas Atacado e Varejo
Daniele Fonseca
Viviane Paiva
comercial@altabooks.com.br

Ouvidoria
ouvidoria@altabooks.com.br

Equipe Editorial
Adriano Barros
Bianca Teodoro
Carolinne Oliveira
Ian Verçosa
Illysabelle Trajano
Keyciane Botelho
Larissa Lima
Laryssa Gomes
Livia Carvalho
Maria de Lourdes Borges
Paulo Gomes
Raquel Porto
Thales Silva
Thauan Gomes

Revisão Gramatical
Paola Goussain
Caroline Marques

Diagramação
Luisa Maria Gomes

Layout
Bianca Teodoro

Capa
Bianca Teodoro

Dados Internacionais de Catalogação na Publicação (CIP) de acordo com ISBD

I24i Iglesias, Martin Casals

Investimentos: textos para nunca mais esquecer / Martin Casals Iglesias. - Rio de Janeiro : Alta Books, 2019.
128 p. ; 16cm x 23cm.

Inclui bibliografia e índice.
ISBN: 978-85-508-1166-6

1. Economia. 2. Investimentos. I. Título.

2019-1708 CDD 330
CDU 33

Elaborado por Vagner Rodolfo da Silva - CRB-8/9410

ALTA BOOKS EDITORA
Rua Viúva Cláudio, 291 — Bairro Industrial do Jacaré
CEP: 20.970-031 — Rio de Janeiro (RJ)
Tels.: (21) 3278-8069 / 3278-8419
www.altabooks.com.br — altabooks@altabooks.com.br
www.facebook.com/altabooks — www.instagram.com/altabooks

ASSOCIADO CBL Câmara Brasileira do Livro

Dedico este livro a minha querida filha Carolina (*in memoriam*), que mesmo sem ter dito sequer uma palavra, ensinou-me a viver.

SOBRE O AUTOR

MARTIN CASALS IGLESIAS atua há mais de vinte e cinco anos em produtos de investimento, com foco especial em recomendação de investimentos para pessoas físicas. É mestre e doutorando em Economia pela Fundação Getúlio Vargas, onde leciona em cursos de pós-graduação. Concentra seus estudos em finanças comportamentais, área na qual tem escrito diversos artigos. Foi um dos primeiros planejadores financeiros pessoais a obter no Brasil a certificação internacional CFP (Certified Financial Planner).

AGRADECIMENTOS

SÃO TANTAS AS PESSOAS que contribuíram com esta obra que temo esquecer alguém. Espero que Deus me ajude a lembrar da melhor forma possível, pelo menos daqueles que contribuíram mais diretamente.

Não posso deixar de encabeçar a lista com minha linda e querida filha Helena, de quem subtraí muitas horas da minha presença para escrever este livro. Espero que o orgulho ao ver a obra do seu pai compense, de alguma maneira, o tempo que deixei de lhe dedicar. Quero também agradecer à Valéria, minha esposa, cuja força e alegria são capazes de encorajar qualquer um.

Agradeço à Claudia, minha querida irmã, todo o auxílio dado na revisão preliminar do livro, além da minha mãe, Laura Angélica, cuja sabedoria é fonte inesgotável de inspiração. Lembro-me também do meu grande amigo Fernando Sousa, que me deu muitas sugestões, algumas das quais ajudaram a compor o livro.

Agradeço também ao professor Jurandir Macedo, que foi o primeiro a ver que uma simples ideia poderia se tornar um livro.

APRESENTAÇÃO

A NOITE DE LANÇAMENTO da primeira edição deste livro em 2011, com o título *Investimentos: Um livro de segredos e conselhos*, foi sem dúvida um dos momentos mais felizes da minha vida. Quase oito anos depois, tenho que admitir que a minha alegria com o relançamento é a mesma.

Aproveito estas linhas para confessar, meu caro leitor, que sempre pensei que o nome original da primeira edição não capturava o seu espírito, onde a forma e conteúdo andam juntos, pois na minha mente ele precisava ensinar e ao mesmo tempo devia ser prazeroso de ler.

Este livro é composto de partes que, embora sejam interdependentes, comunicam-se através de mensagens importantes sobre finanças. Costumo pensar que é uma espécie de mosaico, ou seja, uma tentativa de transformação de cacos e pedaços que fazem sentido individualmente — em um conjunto harmônico onde a beleza prevalece sobre qualquer traço individual.

Ele é também uma releitura, onde vários conceitos são apresentados de forma vinculada a outros aspectos da vida. Acho que insistir nesses vínculos é fundamental para as já que esta matéria permeia nossos sonhos e conquistas, além do fato do dinheiro ser um importante suporte para estes e não um anexo sem conexão.

O livro foi construído para ser lido como cada um assim o desejar. Pode ser tanto na sua sequência natural, da primeira à ultima página, passando pelas seções "O mercado, a mente e o plano" ou fora de ordem — escolhendo o assunto que mais interessa a cada um.

Não importa a forma, desejo a todos os leitores uma boa leitura, com o mesmo prazer que eu tive nos meses em que o gastei escrevendo.

Martin Casals Iglesias

SUMÁRIO

SEÇÃO

1

O mercado

Esta seção procura discutir uma série de conceitos vinculados ao mercado financeiro de capitais.

Os dois primeiros capítulos tentam discutir os conceitos de incerteza e risco, para que no terceiro capítulo possam ser discutidas as circunstâncias nas quais valem a pena assumir os riscos na busca por melhores resultados. Posteriormente, abordamos o conceito de diversificação e o colocamos como uma importante ferramenta na construção de um portfólio. Finalmente, discutimos as formas de análise que podem nos ajudar a ter sucesso no mercado de ações.

1

CAPÍTULO I

A incerteza, o latim e a Roda da Fortuna

O SOM DE UM GRANDIOSO coral surge do nada, disputando espaço com cordas que criam um efeito de grandiosidade e mistério. Quatro fortes golpes de voz surpreendem os ouvintes com apenas uma frase: "*O Fortuna*". Os metais e a percussão entram para cortar e destruir, rasgando ao meio a harmonia que surgia. O coral acompanhado pelas cordas não desiste e entra mais uma vez no mesmo tom e potência: "*velut luna*". A briga recomeça, os metais e a percussão entram novamente, mas desta vez para perder de forma definitiva para um "*statu variabilis*", pronunciado com tal melodia, harmonia e potência que não é possível retrucar.

A música recomeça praticamente do zero. O coral começa a construir um longo crescendo "*semper crescis*", "*out decrescis*", "*vita detestabilis*". A força aparece aos poucos, tal qual tecido costurado ponto a ponto. "*Nunc obdurat*" "*et nunc curat*". A música continua até totalizar três estrofes de doze versos cada, com rima e métrica perfeitas.

Existem músicas que conquistam o ouvinte facilmente, como amor à primeira audição. *Carmina Burana*, obra-prima de Carl Orff, é uma delas. A primeira canção da cantata, chamada de "*O Fortuna*", tem pouco mais de dois minutos, tempo suficiente para apaixonar até os corações mais adormecidos.

Difícil dizer o que a caracteriza: grandiosidade, sem dúvida, mas também o mistério propiciado pelo uso das palavras em latim é impactante, que apesar de serem incompreensíveis trazem algo de familiar na sua sonoridade. Pois é, o latim é assim: algumas vezes suave e sagrado; outras, tenebroso e sinistro.

Essa cantata cênica é uma compilação de textos de baixo latim escritos entre os séculos XI e XII. O vínculo entre eles se dá através de um assunto incomum: a Roda da Fortuna, antigo símbolo da sorte e do azar, isto é, do acaso. No fim das contas, a obra é uma junção de textos sagrados e profanos que se unem como um cântico a vida e a sua imprevisibilidade.

Se traduzir um texto em prosa é complexo, traduzir poesia é bem mais. É como se o responsável pela tradução se visse no meio de um embate entre o sentido que o autor quer dar ao texto, à métrica e à rima. Como em qualquer embate, é difícil acreditar que todos sairão intactos. Quando o texto está em um latim de dez séculos atrás, as chances de haver algum dano sério são quase certas. No nosso caso em questão ("*O Fortuna*", de *Carmina Burana*), é importante salvar o sentido, mesmo que a métrica e a rima paguem o preço. Segue uma tentativa de tradução da primeira estrofe:

"Oh Fortuna,
Variável como a lua,
Sempre cresces,
Ou minguas.
Detestável,
Ora frustras,
Ora satisfazes
Com zombaria
Os desejos da mente.
A pobreza
E o poder
Dissolves como o gelo."

Poderosa Deusa é a Fortuna. Ergue e destitui. Não pede licença. Ela é incerteza, é risco no seu estado mais bruto.

Cabe aqui tentar esclarecer a diferença entre os conceitos de incerteza e risco. O primeiro refere-se àquilo que é totalmente imponderável, que não consegue ser medido nem quantificado. O segundo tenta domar a incerteza e quantificá-la, com o intuito de prever e controlar. Em um mundo de incertezas, não conseguimos andar, com o risco conseguimos tatear.

Feita essa ressalva, podemos voltar aos versos. *Carmina Burana* nos convida a refletir sobre dois pontos centrais. O primeiro alude ao fato de que se o mundo tem um componente imprevisível tão relevante, como podemos tentar projetar o futuro? Em outras palavras, se a sorte dita de tal forma os acontecimentos e dessa forma eles brotam ao léu, por que desejamos envolvê-los em causalidades que nem sempre existem?

Quantos dos grandes acontecimentos da história da humanidade conseguiram ser previstos? Quem previu que um genovês (ou catalão, como afirmam alguns estudiosos contemporâneos) desembarcaria em uma ilha batizada de São Salvador (hoje República Dominicana) em um 12 de Outubro de 1492? Acredito que a própria financiadora da viagem, a Rainha Isabel, a Católica, deu suas joias a Cristóvão Colombo por considerar que se tratava de uma expedição barata, e não por acreditar no que dizia um navegador com ideias revolucionárias. Mas um fato é certo: o mundo não seria como é hoje se tal homem não tivesse desembarcado. Quem previu a grande depressão de 1929? Quem previu o surgimento revolucionário do computador? E o *crash* de 1987? A respeito desse último, que ainda é a maior queda da bolsa de Nova York em um único dia, não temos nem uma explicação realmente convincente. E os atentados às Torres Gêmeas em 2001? Quem previu isso? Quem previu aquilo...? Os exemplos são tantos que poderíamos gastar livros e mais livros para tentar apenas citá-los.

Erramos ao não prever e erramos ao prever. Lembremos o futuro projetado em *2001: Uma Odisseia no Espaço* (destaco que qualquer erro de previsão não tira um milímetro do valor do filme, nem do seu diretor, Stanley Kubrick), rodeado de naves espaciais. É obvio que essa projeção estava totalmente vinculada à imagem de futuro de quem vivia em um momento de corrida espacial — em meio à Guerra Fria. Esse futuro foi desmontado por muitos acontecimentos não previstos: o primeiro foi o fim da Guerra Fria; o segundo, os acidentes com os ônibus espaciais americanos. Onde estava a internet nesse filme? A verdade é que o futuro, em vez de nos levar para fora do nosso planeta, permitiu-nos estreitar a distância entre as pessoas.

Niels Bohr, físico estudioso dos átomos, tinha uma bem-humorada frase que resume muito bem a questão: "Predição é muito difícil, especialmente se for sobre o futuro".

Não quero dizer que as previsões não tenham valor. Longe disso. Elas, como afirmei anteriormente, permitem-nos tatear no meio da escuridão da incerteza. Elas têm muito valor, mas não devem ser acatadas como certas. São apenas projeções.

O segundo grande ensinamento de *Carmina Burana*, e que é apenas um desdobramento do ensinamento sobre as projeções, refere-se ao nosso excesso de confiança ou otimismo exagerado quando realizamos investimentos sujeitos a risco. Gostamos de crer em argumentos que respaldam as chances de perdas ínfimas, aplicando processos e metodologias de risco que se limitam a eventuais perdas. A verdade é que, embora esses processos e metodologias consigam de alguma forma quantificar possíveis perdas, a história nos mostra inúmeros casos nos quais pessoas e instituições sérias e aparentemente sólidas assumiram riscos desproporcionais a suas capacidades de arcar com as consequências, porque de alguma forma ignoraram ou relevaram o poder do acaso, do extremo ou da incerteza.

Os casos estão aí. A crise do *subprime* de 2008 é apenas um exemplo, a ela se soma um histórico enorme de casos: a bolha das tulipas na Holanda; esquemas do tipo pirâmide (atribuídos originalmente a Ponzi); a crise da Nasdaq, também conhecida como a bolha da internet, que provocou perdas enormes a empresas ligadas a ações do setor de tecnologia; o já citado *crash* de 1987; a bolha imobiliária japonesa; e tantas outras.

Fica aqui uma lição: quando ouvir uma projeção, em relação a cenário econômico, preços de ações, índice de ações, cotação de moedas etc, guarde-a, pense sobre ela, mas não a acate como certa, muito menos definitiva, pois o mundo gira e nem os mais sábios conseguem prever todas as mudanças.

Mas se em alguma ocasião você estiver de frente para uma oportunidade de investimento que não parece muito arriscada e que promete retornos fantásticos, por favor, lembre-se dos acontecimentos de 1929, 1987 ou, mais recentemente, 2001 e 2008. Melhor ainda, recorde os versos magníficos de *Carmina Burana*.

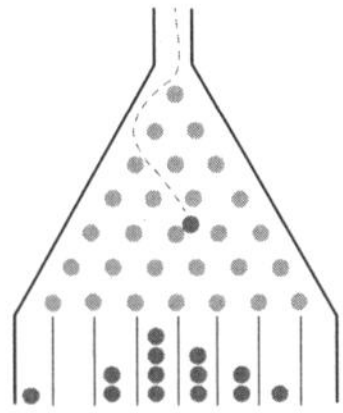

CAPÍTULO II

O Quincunx. Foi assim que surgiu o risco como o conhecemos

"... **PORQUE VEJO NO FIM** do meu duro caminho que eu fui o arquiteto do meu próprio destino"[1]. Os versos do escritor mexicano Amado Nervo são de uma profundidade comovente. Eles expressam a gratidão de um homem para com a vida que ele próprio construiu. Não há espaço nessas linhas para o acaso ou o fortuito; pelo contrário, ele vê que tudo o que fez foi resultado das suas ações, tenham essas sido boas ou más.

Apenas acatar a incerteza é uma postura que o ser humano não parece aceitar. Uma das coisas que diferencia o homem das outras tantas espécies que habitam nosso planeta é o fato de que, desde as suas origens, ele tem trabalhado para mudar a natureza e tornar-se menos sujeito aos caprichos dela. Desde o início, ser humano procurou escrever por si só a sua história. Render-se à incerteza seria tornar-se passageiro na própria existência e essa vontade do homem de guiar sua vida está intimamente ligada ao de que ele tem de mais próprio e sagrado: seu livre-arbítrio — sua capacidade de escolher e decidir.

[1] NERVO, Amado. *En Paz*. Originalmente publicado no livro *Elevación*, em 1917.

De certa forma, a tentativa de estimar e quantificar a incerteza (tornando-a risco) é, no fim das contas, a tentativa de tornar-se arquiteto do próprio destino. Não era possível para o homem primitivo prever o tempo, nem muito menos dominá-lo, apesar de ele ter clara noção de que esse poderia comprometer suas colheitas. Entretanto, era possível guardar alimentos, proteger sementes e diversificar locais de plantação e de cultivos. O ser humano não controlou a incerteza, mas aprendeu a conviver com ela. E a quantificá-la.

O preço dos ativos financeiros (ações, moedas, títulos de renda fixa) não é senão reflexo das expectativas e dos acontecimentos e em um mundo de incertezas como seria possível prever o valor de tais ativos ou estimar eventuais perdas?

Um longo caminho foi percorrido por economistas, matemáticos e astrônomos até que fosse possível chegar a conclusões sobre o risco dos ativos financeiros e sobre a forma de lidar com eles.

A célebre frase "o amor tem razões que a própria razão desconhece" dá a impressão de ter sido escrita por algum poeta contemporâneo. Para muitos, lembra Vinícius de Moraes, porém tal frase não é contemporânea nem foi escrita por um poeta — é atribuída a um grande matemático francês. Foi ele quem, no século XVII, deu os primeiros passos na direção de uma então nova ciência, batizada por ele mesmo de a "matemática das chances". O seu nome: Blaise Pascal.

Em determinado momento da sua vida, Pascal estava debruçado em entender a forma como deveria ser dividido o dinheiro entre apostadores de um jogo, caso esse fosse interrompido antes do fim. Os pontos levantados por ele foram de total relevância para encaminhar a questão do risco. Ele achava que aquele jogador que estava ganhando o jogo não deveria levar todas as apostas — pois havia possibilidades de vir a perder, em função do azar. Entretanto, seria justo que recebesse uma parte maior das apostas. A solução que encontrou foi repartir tais apostas na mesma proporção das chances que cada jogador tinha de vencer. Geralmente, cabia a quem estava ganhando a maior parte, mas por ter a maior chance de vir a ganhar. De acordo com Pascal, até aquele que estava na pior situação teria direito à parte das apostas, mas a sua seria menor, exatamente pelo fato de ter as menores chances de vencer. Ao atribuir valores financeiros às expectativas, ele estava avaliando o valor do futuro, tal como seria feito mais de quatro séculos depois no mercado financeiro.

Devemos a Edmond Halley outro passo muito importante na gestão do risco. Halley é aquele mesmo astrônomo que previu a rota do cometa que dizem que passou pela Terra em 1986 — apesar de ninguém ter visto, a não ser a parte da humanidade que trabalhava em observatórios astronômicos. Ele estimou em uma tabela a expectativa de vida da população, atribuindo a cada idade quantos anos de vida ainda deveriam ter pela frente as pessoas que tinham aquela idade. Até hoje, este tipo de tabela chamada de Tábua Atuarial, é usada na avaliação dos preços de seguro de vida e na avaliação de renda pós-aposentadoria em alguns produtos de previdência.

Halley não tinha ideia (nem pretendia ter) de quantos anos um indivíduo viveria a partir daquele momento, mas tinha uma excelente capacidade de estimar quantos anos viveria na média um grupo de cidadãos da mesma idade. Na Tábua Atuarial, não é possível determinar nada para um único individuo, mas para uma população é possível ter uma noção da sobrevivência média. Começava a ganhar corpo a "lei dos grandes números".

Mas devemos a Francis Galton uma engenhoca que pode nos ajudar a entender muito melhor o risco, principalmente aquele ligado ao mercado de ações. Estamos falando do Quincunx.

O Quincunx (imagem deste capítulo) é uma caixa de madeira, em que um grupo de pregos está disposto na forma de triângulo, com a face de maior dimensão aberta, para ser usada em um plano inclinado. Galton colocou na parte superior da caixa uma canaleta, pela qual podia ser colocada uma pequena bolinha. A bolinha entrava na caixa, começava a cair — por estar em um plano inclinado — e deparava-se com um prego. Ao bater nele, a bolinha se direcionava ora para a esquerda ora para direita e caía para um nível mais baixo. Nesse novo nível, havia agora dois pregos, um destinado a se tornar um obstáculo, caso a bolinha tivesse caído para a direita, e outro, caso tivesse caído para a esquerda. Ao encontrar-se com qualquer um desses dois pregos, a bolinha iria novamente ser direcionada ora para a direita, ora para a esquerda. Após cair mais um nível, a bolinha se encontraria com mais um estágio, desta vez com três pregos. O procedimento se repetia por várias ocasiões. Até que, após passar pelo último deles, a bolinha caía em uma cavidade e lá ficava, esperando outras bolinhas que seriam jogadas depois dela, até o término da experiência.

Galton, que era um cientista respeitável como outros na sua família (inclusive era primo de Charles Darwin, o criador da Teoria da Evolução), não fez a engenhoca por pura diversão, ele tinha uma lição importante a nos transmitir: embora fosse totalmente impossível dizer se a bolinha iria para a esquerda ou para a direita, cada vez que ela se deparasse com um prego, era sim possível prever que ao jogar um conjunto grande de bolinhas haveria uma maior concentração nas cavidades do meio do Quincunx. Isso acontece pelo simples fato de que existem muitos caminhos que podem levar uma bolinha às cavidades centrais, entretanto só um caminho era possível para que a bolinha se posicionasse na última cavidade de esquerda. Para chegar à cavidade da extrema esquerda, seria necessário que a bolinha tivesse ido sempre para aquele lado, toda vez que se deparasse com um prego. Para atingir a última cavidade da direita, seria necessário que ela tivesse ido para a direita, uma após outra vez, sempre que encontrasse um prego no caminho. A lógica nos diz que isso é raro, mas não impossível de acontecer.

Ou seja, se fossem jogadas muitas bolinhas, haveria uma maior concentração delas na cavidade do meio do Quincunx. Seria também de se esperar que o número de pequenas esferas fosse menor, quanto mais as cavidades se distanciassem do meio, seja para a esquerda ou para a direita. No fim das contas, é possível até prever como seria o formato de acúmulo das bolinhas após cada uma delas ter passado pela engenhoca. Isto é, da imprevisibilidade individual (de cada bolinha) surge um padrão coletivo que pode de alguma forma ser previsto.

Galton estava ilustrando o modelo binomial (o nome binomial vem da possibilidade binária de acontecimento — no caso, esquerda e direita) e este modelo é pai da Curva Normal, cujas características e sua fórmula foram determinadas posteriormente por outro matemático de nome Gauss, que até hoje dá nome à curva — Curva Normal, Curva de Gauss ou Curva de Sino.

O Quincunx não foi a primeira, nem a mais recente ferramenta de quantificação de risco e muito menos a mais importante. Entretanto, demonstra-se extremamente lúdico e nos permite, através de uma simples imagem, absorver uma série de conceitos complexos. Ele também convive de forma metafórica com uma Roda da Fortuna, que gira livremente, enquanto ele (Quincunx), como qualquer caixa, prende e aprisiona. Ela está ligada à aceitação da imprevisibilidade; ele, à dominação, à imposição de limites, a cálculos... É isso: a liberdade da roda contra a prisão da caixa. Nada melhor para ilustrar a diferença entre a incerteza e o risco.

Mas o que isto tem a ver com o mercado financeiro? Na verdade, a bolinha caindo pode ser interpretada como o valor de uma ação, que pode subir se, ao bater no prego, for para a direita ou cair se for para a esquerda. Cada uma das fileiras de pregos representa um período de negociação, as cavidades onde entram as bolinhas no fim do Quincunx são as possíveis cotações da ação no futuro. As centrais representam os preços mais prováveis de serem atingidos; os extremos, os menos prováveis. A probabilidade de serem atingidos os preços é quantificada como a quantidade de bolinhas que caiu em cada casa dividida pela quantidade total de bolinhas jogadas.

A grande questão que se apresenta é: o que nos leva a crer que as ações se comportam desse jeito? Se o mercado de ações é tão complexo e sujeito a tantas variáveis, como podemos nos atrever a simplificá-lo de forma a caber em uma pequena caixa de madeira com um monte de pregos?

Galton não construiu o Quincunx com o intuito de estudar o preço dos ativos financeiros, coube a Louis Bachelier fazer o link entre a ferramenta e o mercado. Em 1900, ele publicou seu trabalho "Teoria da Especulação", trabalho que é até hoje considerado o precursor da Teoria Moderna de Finanças. Nele, o autor descreve as suas constatações de que o preço das ações é influenciado por praticamente infinitas variáveis, que são imprevisíveis por natureza — lembre-se de *Carmina Burana*. Em função da imprevisibilidade, o mercado acaba apresentando chances iguais de cair e subir.

Bachelier suportou seus estudos com o trabalho de Robert Brawn sobre moléculas, que ao estarem imersas em fluidos apresentam movimentos erráticos e imprevisíveis. Esse tipo de movimento foi denominado de Movimento Browniano.

Se Bachelier provou matematicamente o movimento aleatório das cotações do mercado de ações, foi Paul Samuelson (laureado com Nobel) quem justificou o porquê do caminho aleatório. Segundo ele, as ações se comportam da forma errática e imprevisível descrita pela Quincunx porque os mercados são eficientes.

A eficiência de mercado refere-se, em última instância, à forma e à velocidade com que as informações são processadas e transferidas às cotações dos ativos financeiros. Segundo a hipótese do mercado eficiente, de Samuelson, as informações relevantes conseguem ser capturadas e precificadas de forma muito rápida, e isso se deve ao fato de que os mercados são monitorados por milhares de analistas pelo mundo afora, que conseguem identificar as informações e quantificar o impacto delas em cada ativo. São as novas informações (erráticas e imprevisíveis por natureza) que, ao serem incorporadas nas cotações, promovem aquele efeito de caminho aleatório.

A conclusão que emerge da hipótese do mercado eficiente é interessante e até certo ponto inesperada para muitos. Veja, se todas as informações relevantes são quase instantaneamente transferidas às cotações, temos de concluir que as ações (e outros ativos financeiros) estão sempre corretamente precificadas e, em outras palavras, não há distorções de preços; portanto, não é possível comprar ativos subavaliados nem vender ativos superavaliados. A conclusão de Samuelson complica a vida dos muitos agentes econômicos para os quais o motivo de atuação no mercado é apenas encontrar essas possíveis distorções de preços.

Para aqueles que operam no mercado financeiro na busca de ativos mal precificados, segue uma constatação, um alento e uma advertência. A constatação vem do fato de que claramente os mercados não são perfeitamente eficientes; pelo contrário, com muita frequência, eles apresentam graus muito elevados de ineficiência e irracionalidade. O que são as bolhas senão erros de avaliação coletivos ou erros na interpretação ou na consideração das informações relevantes, que levam a uma precificação errada e muitas vezes irracional dos ativos? Não estou afirmando que os mercados sejam ineficientes por natureza; na verdade, eles se aproximam mais da eficiência do que da total ineficiência, mas fato é que podemos questionar a hipótese do mercado eficiente e, por consequência, acreditar que é possível sim, com dedicação e capacidade (este é o alento) encontrar ativos incorretamente avaliados.

A advertência é que conseguir superar o mercado, ou seja, conseguir detectar imprecisões de precificação é um trabalho bem mais difícil do que tende a acreditar a maioria esmagadora de investidores e especuladores.

Assim sendo, a não ser que o investidor entenda que tem uma capacidade superior ao mercado de detectar ativos mal avaliados, vale a pena tentar aproveitar o verdadeiro tesouro escondido do mercado, que são os Prêmios de Risco de longo prazo... E é isso que veremos a seguir.

CAPÍTULO III

O tesouro de Eldorado e o Prêmio de Risco do mercado acionário

PIZARRO DESEMBAINHOU, então, a sua espada e com ela traçou uma linha na areia da praia. "Daquele lado, está o norte, o Panamá" — disse — "e, nele, a tranquilidade, a pobreza e o anonimato". Virou-se e continuou: "deste lado, está o sul, uma longa viagem, a luta, o risco e quem sabe a glória e a fortuna, com a conquista das riquezas do Peru". E concluiu: "vou para o sul, quem quiser pode vir comigo dividir a luta, a morte ou a glória". Treze homens o acompanharam ao sul, mais de cem preferiram ficar e não assumir os riscos da empreitada.

Não é o objetivo deste livro questionar, nem muito menos julgar, a forma como Francisco Pizarro conquistou o Peru, pois é difícil demais entender os motivadores dos homens de outras épocas. Fato é que ele subjugou o Império Inca e levou à Espanha tal quantidade de ouro e riquezas que a tornou a Coroa mais rica da sua época. Não cabe dúvida de que os riscos assumidos por ele e por todos os que o seguiram foram mais do que recompensados.

O corpo de Pizarro descansa hoje na Catedral de Lima. Sabemos o nome de cada um dos treze homens que o acompanharam, indício de que o conquistador cumpriu a sua parte no trato. Dos mais de cem que ficaram, nada sabemos.

A mensagem que fica dessa escolha histórica não abrange apenas riscos, mas também as condições sob as quais vale a pena assumi-los. Pizarro e os seus treze seguidores encontraram, nas enormes riquezas do Peru, um motivo pelo qual valia arriscar literalmente tudo. É difícil lembrar-se desse episódio sem que venham à mente as últimas linhas do lindíssimo poema de Edson Marques: "Repito por pura alegria de viver: a salvação é pelo risco, sem o qual a vida não vale a pena"[1].

É oportuno, neste momento, analisar como e por que devemos lidar com os riscos do mercado. A definição de Shiller sobre o Prêmio de Risco (*Equity Premium*) do mercado acionário pode nos ajudar muito. Segundo ele, o *Equity Premium* é o retorno adicional que os investidores no mercado de ações exigem para abrir mão da segurança do mercado de títulos. Ou seja, uma carteira diversificada de ações tende a render mais que uma carteira de renda fixa livre de risco — ou pelo menos quase livre de risco. Nessa empreitada, o prêmio é o retorno adicional e o risco são as oscilações que ocorrem no preço dos ativos, principalmente no curto prazo.

A existência de um Prêmio de Risco de longo prazo tem sido testada e constatada estatisticamente em uma infinidade de estudos. Nos países onde foi possível testar um modelo de equilíbrio de longo prazo, verificou-se que portfólios diversificados de ações conseguem superar o rendimento do ativo livre de risco. No caso específico dos Estados Unidos, esse número costuma ser medido entre 5% e 6% ao ano acima do que pode ser chamado de ativo livre de risco.

Não é fácil testar que as ações rendem mais do que a renda fixa no Brasil. Os nossos índices de ações foram criados muito mais recentemente do

---

[1] MARQUES, Edson. *Mude.*

que os dos EUA, e por isso os históricos são mais curtos. No que se refere à renda fixa, não se trata de calcular rentabilidades levando em consideração confiscos, tablitas e outras peripécias ocorridas no passado, na Terra de Santa Cruz. Entretanto, como as características essenciais do mercado acionário estão dadas também aqui nos trópicos, podemos acreditar que por aqui exista esse prêmio, embora seja difícil mensurá-lo.

Falamos anteriormente sobre o mercado de ações, mas o conceito de ativo livre de risco aparece pela primeira vez neste texto. A existência de um ativo sem risco nenhum é muito mais uma concepção teórica do que prática. Mesmo assim, os agentes do mercado internacional costumam admitir que os títulos de curto prazo emitidos pelo tesouro dos EUA sejam muito semelhantes a isso, ou seja, quase livres de risco. No caso do Brasil, costuma-se dizer que o que mais se assemelha ao ativo livre de risco é a Taxa Selic, que remunera os títulos emitidos pelo tesouro no curtíssimo prazo.

O *Equity Premium* não deve ser interpretado como uma constante repetida dia após dia e ano após ano; pelo contrário, ele é uma média de longo prazo, fruto de amplas movimentações de mercado. De fato, no curto prazo é de se esperar que em alguns períodos o retorno dos títulos supere o retorno das ações. Em outras palavras, é como se as cotações no mercado de ações apresentassem uma tendência de longo prazo semelhante a um movimento de zigue-zague ascendente. Em um futuro distante, a presença do Prêmio de Risco fará com que os investimentos sejam recompensados; entretanto, no curto prazo, é com frequência que aparecem eventuais perdas.

Às vezes algumas aplicações acabam sendo feitas perto de um ponto de máximo relativo, ou seja, em um pico momentâneo desse zigue-zague e por isso podem provocar perdas — que dependendo da situação, poderão levar algum tempo para serem recuperadas.

A dificuldade reside em que não é possível perceber, no momento do seu acontecimento, se estamos passando ou não por um momento de pico relativo. Serão os movimentos futuros que formarão o desenho de pico, ou seja, somente após uma constatação de queda nas cotações, poderemos ver que aquele momento passado era um ponto de máximo relativo.

Disso, surge um importante conselho para os investidores, que é a lógica do direcionamento periódico das aplicações para os ativos de risco relacionados ao mercado de ações. Isto é, a melhor forma de se investir em ações é aos poucos. "Devagar e sempre", dizia minha avó. Com esta estratégia, é possível minimizar a concentração de risco decorrente de um investimento em um instante desfavorável, ou seja, evita-se concentrar a aplicação no mercado de ações em um único momento — que pode ser um pico do zigue-zague. Ao distribuir essas aplicações por diversas datas, reduz-se o risco de curto prazo e consegue-se aproveitar a tendência ascendente de longo prazo.

Cabe alertar que quando falamos de investimentos no mercado acionário, estamos nos referindo a portfólios diversificados que evitem a concentração em riscos específicos de algumas companhias e se concentrem no risco total do mercado.

É importante também esclarecer que o *Equity Premium* não é incompatível com os movimentos erráticos descritos nos caminhos do Quincunx. Na verdade, os estudos apontam para o fato de que um portfólio diversificado de ações apresenta um movimento semelhante ao caminho aleatório originalmente descrito por Louis Bachelier, mas com uma leve assimetria para o lado dos retornos positivos e acima do ativo livre de risco. É essa leve assimetria que com o tempo acaba gerando o prêmio de longo prazo na magnitude que foi citada.

Os estudos sobre os Prêmios de Risco acabam levando a uma relação direta entre risco e retorno, como um vínculo de causa e consequência. O risco anda de mãos dadas com o retorno, sendo assim, se você deseja mais retorno, fatalmente deverá direcionar uma maior parte do seu portfólio de investimento ao mercado acionário. Desta forma, o risco deixa de ser um estorvo, algo indesejado, e tornar-se o grande direcionador de retornos no longo prazo. Bingo! Isso nos leva a concluir que o Prêmio de Risco do mercado acionário é o verdadeiro Eldorado dos investidores.

Alguém pode se perguntar por que não deveríamos então alocar todo o nosso portfólio em risco, dado que acreditamos que ele de fato compensará no longo prazo. Ou ainda mais, será que não devíamos tomar dinheiro emprestado e investir não só todas as nossas reservas em risco, mas também utilizar os recursos tomados emprestados para investir ainda mais em ações?

O fato é que cada um deve assumir riscos em função da forma como lida com eles. Risco é algo muito pessoal. "Todo es según el color del cristal con que se mira"[2], dizia o escritor asturiano Ramón de Campoamor y Campoosorio (tradução: "Tudo é conforme a cor do cristal através do qual se vê"). Para muitos, o processo de convivência com ativos que apresentam grandes oscilações pode ser muito difícil. Existem investidores que sofrem demais ao ver a desvalorização dos seus ativos. Já uns não conseguem dormir, outros ficam tranquilos. É preciso encontrar, para cada pessoa, uma zona de conforto, ou seja, aquela distribuição dos investimentos que a deixe satisfeita e não lhe tire o sossego para viver o seu dia a dia.

Deve-se então tentar entender o perfil de cada investidor, seus objetivos e seus horizontes de investimento. Só assim é possível decidir quanto vale a pena ser alocado em cada tipo de ativo; em outras palavras, o percentual de recursos que cada um deve investir na bolsa depende do seu grau de aversão a risco. Bancos e corretoras disponibilizam questionários que ajudam o investidor a encontrar o seu perfil de risco e assim escolher um portfólio adequado às suas características. Já os horizontes de investimentos, nos quais as chances de perda diminuem significativamente e nas quais o *Equity Premium* deverá aparecer, talvez sejam mais longos do que a maioria dos investidores possa imaginar. Estamos falando de horizontes de muitos anos, algo como quinze ou vinte, ou seja, estamos falando basicamente de horizontes de aposentadoria. Pois é, a chave do sucesso, neste caso, chama-se paciência.

---

[2] CAMPOAMOR, Ramon de. Dolora XVIII: Las dos linternas. *Doloras*, 1846.

Existe também uma abordagem extremamente interessante que nos diz que não é apenas o nível de aceitação a risco que determina a alocação do portfólio. A Teoria do Ciclo de Vida, inspirada em Modigliani, diz que a idade joga um papel central no percentual destinado a cada mercado. O conceito que permeia a teoria é o capital humano, que nada mais é do que o fluxo de caixa descontado das rendas futuras advindas do trabalho. De forma geral, os seres humanos gastam seus primeiros anos em estudo, de forma a criar um estoque de capital humano, e toda vez que são tomadas decisões de investimento, devemos levar em consideração todos os ativos, ou seja, devemos incluir também o capital humano, sendo que esse último é um ativo quase livre de risco e aproximadamente indexado à inflação, na maioria dos casos.

Quando o aluno recém-formado começa a trabalhar, o seu capital humano é o seu maior ativo. Após os primeiros anos de trabalho, ele consegue acumular um certo patrimônio e o seu capital humano diminui pouco a pouco, pois parte dele vai sendo transformado em capital financeiro, à medida que ele recebe salários e poupa. Anos mais tarde, na hora da aposentadoria, seu capital humano será pequeno e ele deverá arcar com seu nível de consumo (ou pelo menos com parte dele), valendo-se do fruto do seu esforço de poupança feito enquanto trabalhava.

Faz sentido que no início da carreira, o jovem investidor aloque uma considerável parcela do seu portfólio financeiro no mercado de ações, já que essa alocação representará pouco em relação ao seu portfólio total — ativos financeiros mais capital humano. Com o passar do tempo, a parcela investida em risco deve ser reduzida até que na aposentadoria, com o declínio do capital humano, a parcela investida em ações fique virtualmente zerada. Logo, é saudável que a alocação em bolsa seja gradativamente reduzida, na medida em que a idade avança. Isso também faz sentido se nós pensarmos que uma pessoa de idade mais avançada tem menos tempo para se recuperar de eventuais perdas.

Obviamente, não é intuito deste texto recomendar um percentual de alocação para cada leitor, mas alertar que decisões de investimento devem ser tomadas de forma planejada e não de forma primitiva sob o fogo das paixões.

Deixo então um pequeno, mas importante conselho: Reserve um tempo em determinar seu perfil de risco e todas as variáveis importantes na determinação de quanto você pode investir em ações. Existem muitos questionários disponíveis na internet que poderão ajudá-lo a entender seu perfil. Só então monte um portfólio diversificado e aplique aos poucos uma parcela compatível com suas características em ações. E, principalmente, seja paciente, deixe os prêmios de longo prazo aparecerem.

Para concluir este capítulo, vale evocar a emblemática mensagem de Warren Buffett, que entendia que o mercado acionário é feito para transferir riqueza dos apressados para os pacientes. Lembre-se: planeje, analise, poupe e seja paciente.

CAPÍTULO IV

Cervantes, ovos, futebol e a diversificação

MEU AVÔ COSTUMAVA DIZER que se alguém tivesse que escolher apenas três livros para ler na vida, provavelmente a melhor escolha seria a *Bíblia*, *Hamlet* e *Dom Quixote de La Mancha*. Tudo o que é preciso saber sobre a vida está contido nesses livros.

Dom Quixote, a obra-prima de Miguel de Cervantes, é sem dúvida um trabalho único. Chega a dar a impressão de que pode ser lido de diversas formas. Uma delas é entender *Dom Quixote* como uma sátira; dessa forma, o livro é profundamente engraçado. Mas podemos também ver no Cavaleiro da Triste Figura um demente, com profundos traços de ingenuidade, o que nos leva a sentir pena dele, isso torna o livro um tanto triste. Podemos também, por último, ver o livro como uma profunda crítica a uma sociedade em transformação — nesse caso, o livro de certa forma torna-se atual, apesar da linguagem e do conteúdo.

No entanto, acima de tudo, qualquer que seja a nossa forma de leitura, ninguém sai igual depois de ter lido essa obra-prima. O livro nos ajuda a entender muito sobre o ser humano, seus sonhos, seus medos e suas limitações. Grande homem foi Cervantes, profundo entendedor da natureza humana.

Inúmeras são as passagens e frases do livro que ainda permanecem no inconsciente coletivo. Quem não se lembra dos moinhos de vento ou da confusão que ele faz ao usar uma bacia de barbeiro como chapéu. Por outro lado, há algumas ideias do livro que fazem parte do nosso dia a dia, mas nós sequer sabemos. E é sobre elas que vamos discorrer.

Até hoje, quando alguém discute diversificação, fatalmente acaba citando a frase: "não colocar todos os ovos na mesma cesta". Esta frase é originária do livro e foi dita por Sancho, o fiel escudeiro de Dom Quixote. É muito comum ver referência a ela na literatura de investimentos, principalmente nos Estados Unidos.[1]

A frase contém uma lição importante e de fácil interpretação. Ao colocarmos todos os ovos na mesma cesta, estamos concentrando riscos, e se por alguma coincidência dos Deuses da Fortuna (ou do azar) essa cesta vier cair, a perda será total.

Transportar isso para o mundo dos investimentos é muito simples. Por mais que acreditemos que um investimento é seguro, não devemos investir todos os nossos recursos nele, porque um imprevisto pode acontecer e a perda pode ser muito grave.

Certamente, essa interpretação é muito valiosa, além de popularmente conhecida, mas temos de entender que existe um aspecto da diversificação que ela não consegue capturar. Estamos falando dos ganhos de eficiência na relação de risco e retorno. No entender dos muitos adeptos da moderna Teoria de Finanças, esse é o principal benefício de não colocar todos os ovos na mesma cesta.

---

[1] Algumas citações a Cervantes como autor da frase aparecem com frequência nos Estados Unidos (HENBER, Mark T. *Index funds: The 12-step program for active investors.* IFA Publishing, 2006. 205 p.). Entretanto, na tradução comemorativa ao quarto centenário da obra, vemos uma frase um pouco diferente. Diz Sancho "não aventurar tudo em um dia". (CERVANTES, Miguel de. *Don Quijote de La Mancha.* Alfaguara, 2004. 212 p.). Seja qual tenha sido a frase no original, o sentido é semelhante. Quem quiser ver um estudo cuidadoso de como a frase foi atribuída a Cervantes, acessar http://herbison.com/herbison/broken_eggs_quixote.html.

Vejamos um exemplo: suponha que um determinado agricultor tenha uma plantação de um vegetal que chamaremos de "A". Em condições normais, o vegetal lhe dá um resultado de 100 unidades monetárias após um ano. Entretanto, se as condições de clima forem muito frias, o resultado poderá ser a perda de uma importante parte da colheita e o resultado financeiro será de apenas 60 unidades monetárias. Já, se o clima for quente, o cultivo se desenvolverá muito bem e o resultado poderá chegar a 120 unidades monetárias.

Obviamente estamos falando de um investimento de risco, pois não temos certeza do resultado que será obtido. Entretanto, conseguimos estimar o pior e o melhor cenário. No fim das contas, o agricultor espera ter um retorno de 100, podendo oscilar entre 60 e 120 unidades monetárias.

Para aumentar os seus ganhos, o agricultor tem a opção de em vez de plantar "A", escolher outro vegetal, que chamaremos de "B" e que em condições normais, lhe dará retorno de 120 unidades monetárias, só que esse vegetal se desenvolve melhor em condições de frio — o que pode aumentar seus ganhos para 200 unidades monetárias. Porém se o clima for quente, ele terá uma perda de lucratividade e obterá lucros de 40 unidades monetárias. Ou seja, no caso de ele plantar o vegetal "B", terá retorno esperado de 120, podendo variar entre 40 e 200 unidades monetárias.

Podemos dizer que apesar de o vegetal "B" ter maior retorno esperado do que "A", ele também tem mais risco, porque seus retornos são menos previsíveis. No caso de "B", os retornos podem variar em 160 unidades, pois podem atingir um mínimo de 40 e um máximo de 200. Já no caso do "A", a possível variação é de 60 (de 60 a 120).

Suponhamos que o agricultor (após ler Cervantes) decida dividir seu terreno em duas partes iguais. Em uma delas, plantará "A" e na outra, "B". Ao fazer isso, é óbvio que os riscos individuais de cada plantação caem pela metade, ou seja, na parte destinada a "A", temos retorno esperado de 50, podendo variar entre 30 e 60. Já "B", tem retorno esperado também de 60 — podendo variar entre 100 e 20.

O interessante é que o resultado total da plantação aumenta para 110 (50 de "A" e 60 de "B"), mas os resultados extremos mudam muito. Agora, a possível oscilação passa a poder variar entre 130, caso o clima venha a ser frio (30 de "A" e 100 de "B") e 80 se for quente (60 de "A" e 20 de "B"). Em outras palavras, o risco medido como a amplitude de possíveis resultados, passa a ser de 50 unidades (de 80 a 130), ou seja, menor do que o risco de qualquer um dos vegetais tomados individualmente.

Parece intuitivo que a rentabilidade suba quando inserimos o vegetal "B" em uma plantação exclusivamente destinada a "A", mas não parece nada intuitivo que o risco caia à medida que se insere o cultivo de algo mais arriscado do que a plantação anterior — isto é, inserir "B" em uma plantação e "A".

No fim das contas, o resultado final da divisão da área cultivada é extremamente interessante, pois o agricultor passa a ter um portfólio mais eficiente, já que obterá um retorno esperado melhor e com riscos menores.

No nosso exemplo, os benefícios da diversificação ocorreram porque os dois vegetais não se comportam da mesma forma nas diferentes circunstâncias de clima. Ou seja, os melhores e os piores momentos não coincidem.

Correlações! Esse é o conceito que captura a informação sobre o movimento conjunto dos ativos. Os ativos pouco correlacionados reagem de forma bastante diferente aos diversos cenários. Ativos muito correlacionados reagem praticamente da mesma forma aos acontecimentos. Quanto menores forem as correlações entre os ativos, maiores serão os benefícios da diversificação. Por outro lado, se os ativos forem perfeitamente correlacionados, não haverá nenhum ganho de diversificação. Ou seja, para obter os ganhos de eficiência com a diversificação, precisamos procurar ativos pouco correlacionados.

Podemos introduzir outro conceito que pode nos ajudar bastante neste momento: o de classe de ativos. Ele agrupa ativos com características semelhantes de risco e retorno e com elevadas correlações entre os ativos da mesma classe, mas cuja correlação com outros ativos é baixa. Podemos dizer que ações de empresas de grande porte são uma classe de ativos. Ações de empresas de pequeno porte, títulos de renda fixa pós-fixados, títulos de renda fixa prefixada e títulos indexados à inflação são exemplos de outras classes de ativos. Juntar em um mesmo portfólio ativos de diversas classes é uma boa estratégia de diversificação.

Tentemos ver outros dois exemplos, o primeiro é sobre um time de futebol.[2]

Um bom treinador deve entender perfeitamente que está à frente de um time e esse último deve funcionar de forma conjunta. Ele não deve escolher os jogadores apenas em função das características individuais, como habilidade, velocidade e resistência, mas precisa olhar como cada atleta afeta o desempenho coletivo. Eventualmente, dois grandes jogadores com características muito semelhantes não podem jogar juntos em um time. Às vezes, compensa escalar um jogador inferior em termos individuais, que permita liberar para o jogo outros craques e municiá-los com passes ou cobri-los, desarmando o adversário quando estiver com a bola. Quantos exemplos existem de times que parecem maravilhosos no papel, mas que são terríveis na prática. Ocasionalmente, em vez de o time combinar, respeitando alteridades, tal como um belo caleidoscópio, chega-se a resultados terríveis, mera junção de partes desconexas, tal como um Frankenstein.

Para transpor a metáfora acima para o mundo dos investimentos, precisamos entender que as habilidades individuais dos jogadores são o risco e retorno esperado para cada ativo e a forma como cada jogador interage com o resto do time são as correlações.

Preste muita atenção: em algumas ocasiões, o melhor ativo para compor um portfólio não é o de maior retorno esperado, nem o de menor risco, senão aquele que se interliga da melhor forma com os outros, através de uma baixa correlação.

---

[2] Por ser um livro escrito no Brasil, acho até que demoramos demais para falar de futebol.

O segundo exemplo é mais elucidativo sobre a forma como a diversificação funciona no mercado.

Imagine um investidor conservador que pode investir em dois títulos de renda fixa. O primeiro é um título emitido por país, que chamaremos de País Grande —praticamente livre de risco, em função da força econômica do emissor e de sua moeda ser internacionalmente aceita. O outro título é emitido por outra nação, que chamaremos de País Pequeno (vizinho ao País Grande) — que por suas características, tem um risco individual muito maior do que o outro. Mas acontece que existem alguns fenômenos econômicos que afetam negativamente o País Grande e que não afetam o País Pequeno. Existem até problemas econômicos no País Grande que beneficiam o País Pequeno, como uma recessão — que faz com que muitos cidadãos prefiram ir passar suas férias no País Pequeno, em vez de ir para paraísos mais distantes (e caros).

O investidor deseja decidir se investe tudo nos títulos do País Grande ou se investe parte dos recursos nos títulos arriscados do País Pequeno.

Em termos de risco, podemos dizer que é possível calcular uma pequena proporção de títulos do País Pequeno que reduz o risco total do portfólio de ativos. Portanto, existe uma quantidade de títulos do País Pequeno que ao fazer parte de um portfólio, torna-o mais seguro do que um investimento em títulos do País Grande apenas. Isso porque existem aquelas circunstâncias (capturadas pelas correlações) que fazem os títulos do País Pequeno se valorizarem, enquanto os títulos do País Grande se desvalorizam. Ao incluir um ativo mais arriscado em um portfólio, dependendo das correlações, podemos ter um portfólio de menor risco total. Isso a frase de Cervantes não consegue capturar (até porque ele nem pretendia). Durma com um barulho desses!

Mas qual é a proporção que esse investidor deverá escolher para ficar o mais satisfeito possível com seus investimentos? Bom, podemos começar discutindo como ele não deve dividir seu dinheiro entre os dois ativos. Ele não deve utilizar o conceito de Diversificação Ingênua (*Naive Diversification*), muito estudada por quem trabalha com finanças comportamentais.

Muitos investidores, ao se depararem com uma escolha de alocação de portfólio, encaram a questão de uma forma simplória, preferindo alocar em uma proporção de "1/n", onde *n* é o número de ativos nos quais ele pode investir. Ou seja, se o investidor tiver de escolher entre três ativos (n = 3), ele tende a optar por dividir os recursos na proporção de um terço para cada um dos três ativos. Entretanto essa escolha dificilmente será a melhor.

O processo é um tanto complicado e depende das correlações entre os ativos, além das expectativas de risco e retorno de cada ativo, sem se esquecer do perfil de aversão a risco do investidor. O investidor precisará responder a esta questão contando com a ajuda de um consultor, que se utilizará dos conceitos da moderna Teoria das Finanças, também conhecida como Teoria do Portfólio.

Para terminar, acho que vale a pena citar que existem muitas coisas em finanças que não são unanimidade. Este livro não pretende ser um resumo das verdades; pelo contrário, um dos seus objetivos é trazer à tona uma série de conceitos para que o leitor possa extrair ensinamentos de todas as ideias apresentadas. Como diz o provérbio: "a verdade tem mil faces". Nesse sentido não posso deixar de lembrar, mais uma vez, um conhecido ensinamento de Warren Buffett. Mas desta vez, ele se posiciona de forma contrária à diversificação. Segundo ele, vale a pena "colocar todos os ovos na mesma cesta e cuidar muito bem dela".

O próximo capítulo pode ajudar aqueles que pretendem cuidar muito bem de uma única cesta...

CAPÍTULO V

Maquiavel, fundamentos e análise gráfica

> **"QUEM CONSIDERE AS COISAS** presentes e as antigas verá facilmente que são sempre os mesmos os desejos e os humores em todas a cidades e em todos os povos, e que eles sempre existiram. De tal modo que quem examinar com diligência as coisas passadas facilmente preverá as futuras (...)"[1].
>
> O conselho de Maquiavel contém uma leitura interessante sobre a natureza humana e está sem dúvida muito alinhada com todo o trabalho que ele desenvolveu durante sua vida sobre os motivadores das pessoas com quem se relacionou naquela época de efervescência cultural na cidade de Florença.

Difícil dizer se a visão dele é 100% correta. Dá a impressão de que se os resultados fossem sempre os mesmos e sempre previsíveis, a evolução da sociedade teria sido muito lenta ou talvez nem tivesse acontecido. Pode ser

---

[1] MAQUIAVEL, Nicolau. *Discursos sobre a primeira década de Tito Lívio. São Paulo:* Martins Fontes, 2007. 121 p

que a capacidade de alguns indivíduos em reagir de forma diferente a certos estímulos preestabelecidos seja um dos grandes motores da história

Já falamos que o *Equity Premium* é o tesouro escondido e que se apropriar dele não é exatamente uma tarefa difícil. Basta entender quanto somos tolerantes a assumir riscos e a alocar os nossos recursos em um portfólio adequado às nossas características. Feito isso, é só esperar pacientemente longos horizontes de tempo... Como diria, Charles Massimo:[2] "Investir de forma passiva pode não ser a forma mais emocionante de investir, nem o método mais comentado, mas, certamente, é o mais prudente. Então, mantenha seus investimentos passivos e deixe seu comportamento ativo para seu estilo de vida na aposentadoria".

Pois é... Investir de forma passiva não tem muita coisa de emocionante. Parece até ser contra tudo aquilo que imaginamos do mercado de capitais: gente com um telefone em cada orelha, sinalizando para um sujeito do lado, também com dois telefones, apontando para um monitor com centenas de cotações e dezenas de gráficos, e notícias piscando etc. Até agora, o que nós falamos foi escolher um portfólio adequado e esperar. Esquisito, não é?

Chegamos à conclusão de que é difícil superar o mercado de forma consistente em função da crença nas hipóteses do mercado eficiente; entretanto, temos indícios bem fortes para acreditar que o mercado não é tão eficiente assim. E se ele não é tão eficiente assim, podemos de fato concluir que há como encontrar ativos mal precificados, basta ser muito bom nessa procura.

Tanto a análise gráfica como a análise fundamentalista procuram informações passadas para tentar projetar o futuro. Cada uma da sua maneira: ou de forma explícita e visual ou de forma implícita, introjetada em análises em numéricas. Pois é, a frase de Maquiavel faz sentido aqui.

A análise gráfica tem sua origem vinculada ao mercado futuro de arroz, negociadas na bolsa de Osaka no Japão, no século XVII. Na época, um

---

[2] HENBER, Mark T. *Index funds. The 12-step program for active investors.* IFA Publishing, 2007. 233 p.

importante produtor do cereal, de nome Munehisa Homma, interessado originalmente em determinar os melhores momentos de venda para sua produção, começou a estudar a evolução das cotações através de gráficos e, ao fazê-lo, detectou padrões que se repetiam. Nos gráficos, ele encontrou interessantes figuras que batizou com nomes muitas vezes curiosos. Essas figuras determinavam, na maioria das vezes, mudança nas tendências dos preços dos contratos de arroz.

Homma aperfeiçoou-se muito no seu processo e dizem que chegou a montar uma rede de comunicação entre Osaka — onde ficava a bolsa — e Sakata, localidade em que residia. As cotações dos certificados de arroz eram transmitidas de uma cidade para outra através de um sistema de informantes que se posicionavam no topo de colinas com distância de aproximadamente 6km uns dos outros. O primeiro informante ficava na própria bolsa e enviava, através de movimentos de bandeiras, dados sobre as cotações dos preços. O seguinte mensageiro repassava para o posto subsequente a mensagem, e o evento se repetia até chegar a Sakata, onde Homma podia interpretar as cotações e, caso achasse oportuno, lançar ordens de compra ou venda na bolsa de Osaka — ordens essas que voltariam à bolsa através do mesmo sistema de comunicação.

Na virada do século XVIII para o XIX, em Nova York, Dow, que daria nome ao índice Dow Jones, observava o preço das ações e também detectou padrões no comportamento dos mesmos. Não é claro quanto ele sabia do trabalho de Homma, mas de qualquer forma os seus estudos sobre as cotações são fundamentais para quem baseia suas estratégias de mercado na análise gráfica. Depois dele, veio Elliot, que foi muito além no estudo das cotações e interpretou os gráficos de qualquer ativo como uma repetição de um único movimento de cinco ondas de impulso (na direção da tendência principal) e três ondas de correção (na direção oposta à tendência principal). Segundo Elliot, os gráficos de todos os ativos são os mesmos. Para conseguir ganhar dinheiro no mercado, basta conseguir ver exatamente por qual onda o mercado está passando naquele momento.

Toda análise gráfica se apoia no fato de que os agentes de mercado deixam "marcas" nas cotações quando entram e saem do mercado. Essas marcas podem ser deixadas tanto por agentes que têm conhecimento mais profundo do mercado como pela manada — conjunto de investidores pouco informado que, de forma geral, entra no mercado e sai dele na hora errada. O objetivo final é entender o momento do mercado e posicionar-se de forma a aproveitar os movimentos que virão naturalmente. Afinal, como leva a entender Maquiavel, todos os acontecimentos são feitos por homens e estes sempre foram, e sempre serão guiados pelas mesmas paixões, o que acaba levando aos mesmos resultados.

Com o surgimento das finanças modernas (Markowitz), nos anos 50, e com o fortalecimento das correntes sobre a hipótese do mercado eficiente, a análise gráfica acabou caindo em descrédito. Para muitos, ela continha informação tão relevante para o mercado acionário quanto a astrologia, os búzios e o tarot. Não quero julgar essas últimas práticas, apenas estou delimitando seu campo de atuação e com certeza o mercado acionário não está incluído nele.

Com o crescimento das finanças comportamentais e os trabalhos sobre vieses de avaliação na tomada de decisão em condições de incerteza, conduzidos por Kahneman e Tversky, e principalmente após o prêmio Nobel ganhado por Smith e Kahneman em 2002, a análise gráfica voltou a absorver o interesse de analistas e da comunidade científica. Muitas figuras e movimentos de mercado são puro fruto de paixões humanas (não quero citar mais uma vez a frase de Maquiavel, por medo de o leitor ficar aborrecido com a repetição), como medo, ganância, arrependimento e cobiça. Vários desses movimentos já são interpretados de forma convincente por esses sentimentos coletivos estudados pelas finanças comportamentais.

Os analistas gráficos parecem pertencer a um mundo próprio deles, com pouca interligação com o nosso. Alguns são tão puristas que preferem se abster da leitura de jornal. Acham que para uma análise correta dos ativos é necessária uma total isenção, que seria quebrada ao ler as notícias e absorver os comentários e perspectivas de outros analistas econômicos. A rigor, muitos preferem não saber qual o ativo que estão estudando e sonham em receber um gráfico de cotações sem título, para aí sim, com isenção total, dar suas opiniões sobre o futuro das cotações. Além disso, não importa para um grafista saber quais motivos levaram o ativo a valorizar-se ou desvalorizar-se; nesse sentido, podemos considerá-los adeptos da teoria de Chicó, personagem de Ariano Suassuna em *O auto da compadecida*, com a sua marcante frase: "Não sei, só sei que foi assim".[3]

Mas temos de aceitar uma característica extremamente positiva dos analistas gráficos: eles conseguem avaliar um ativo em pouco tempo. Um bom grafista pode ter uma boa noção sobre a tendência futura dos preços com poucas horas de análise.

Entretanto, é frequente encontrar grafistas com opiniões totalmente divergentes, mesmo ao analisar exatamente os mesmos gráficos dos mesmos períodos. Mesmo aquilo que para muitos parece matemático e previsível, é totalmente sujeito a opiniões.

Existe outro tipo de análise no mercado, que é a análise fundamentalista. Os adeptos dessa técnica estudam o comportamento do preço dos ativos através de análise baseada nos fundamentos das empresas e da economia, ou seja, tanto no desempenho individual das empresas, como no desempenho da economia como um todo.

Algumas equipes de analistas preferem iniciar seus estudos tendo como ponto de partida a análise individual das empresas, projetando seus lucros futuros, a partir de inferências sobre a evolução das suas vendas e dos seus custos. O valor de uma ação é proporcional à capacidade de uma empresa gerar lucros para seus acionistas.

Esses analistas também calculam índices que permitem comparar as cotações das empresas, medem o seu endividamento, avaliam se a distribuição de dividendos é compatível com o valor de mercado etc.

---

[3] SUASSUNA, Ariano. *O auto da compadecida*. Rio de Janeiro: Agir, 2004.

Outra corrente de analistas fundamentalistas prefere fazer suas análises projetando a evolução da economia local e global. Para tal, projetam a evolução do emprego, do produto interno bruto da taxa de câmbio, de forma a detectar setores que serão beneficiados por esses movimentos macroeconômicos, para só depois disso, detectar as empresas mais promissoras.

Veja que interessante, de alguma forma, a frase de Maquiavel também vale aqui, pois não é possível inferir, estimar ou projetar coisas sobre o futuro sem ter por base o presente. Apesar das eternas brigas entre analistas gráficos e fundamentalistas, eles têm um sério ponto em comum. O futuro como projeção do presente.

A análise fundamentalista elimina a necessidade da análise gráfica ou vice-versa? Provavelmente não. Talvez ambas sejam mais eficientes se trabalhadas em conjunto. A análise fundamentalista poderia definir os melhores papéis a serem comprados, essa é sem dúvida a sua melhor contribuição. Já a análise gráfica pode determinar o *timing* — momento certo de efetuar a compra.

Sendo assim, o grande problema dos analistas fundamentalistas é que para eles não basta saber qual papel está incorretamente avaliado, é preciso que os outros descubram isso, depois de você ter comprado. Logo, a análise gráfica pode ajudar profundamente ao determinar o momento certo de entrar no mercado. Ou seja, é importante estar em sincronia com o mercado.

Sincronia, essa é a palavra. O Aikido[4] é uma arte marcial de origem japonesa que concentra muito da filosofia de outras artes marciais, como a harmonia entre o corpo e a mente e a unidade com a natureza. Um dos seus principais pilares é o Awase, que se propõe entender o adversário e saber responder os seus embates em ritmo condizente com a força e a velocidade com que eles vêm. Isto é, velocidade se responde com velocidade, lentidão com lentidão e assim sucessivamente. O Awase se estende a vários aspectos

[4] Especial agradecimento ao meu amigo Fernando Souza, faixa preta de Aikido, por esse ensinamento e tantos outros.

da vida e, na verdade, é uma busca contínua pelo sincronismo entre o "eu" e o ambiente que nos rodeia.

A mãe, ao ver o seu bebê chorar intensamente, balança-o no seu colo em um ritmo compatível com o choro, para assim, após ter entrado em sincronia, conseguir aos poucos acalmá-lo, reduzindo o ritmo dos embalos. Interessante: a mãe, inconscientemente e instintivamente, entende os benefícios do Awase.

A análise gráfica é sobre isso, aproveitar as tendências, adaptar-se ao ritmo do mercado e não opor-se a ele.

Obviamente, ser bem-sucedido no mercado não é uma tarefa fácil. Para conseguir sucesso, vejo duas alternativas. A primeira é aceitar que existem profissionais que têm um conhecimento profundo do mercado e que dedicam o seu dia a dia em busca das melhores alternativas de investimento. Assim sendo, pode ser uma boa opção delegar a gestão dos seus recursos a alguma equipe de gestão de investimentos, através da aplicação em um fundo mútuo.

A segunda alternativa é você mesmo gerir seus recursos, mas para isso são necessárias três coisas. A primeira é a disponibilidade de tempo, sem o qual aumentam muito as chances de entrar atrasado no mercado ou de não detectar oportunidades interessantes. A segunda é o acesso à informação de qualidade, ou seja, é preciso ler relatórios, recomendações e notícias, de forma a estar permanentemente a par de tudo o que pode acontecer no mercado. A terceira é o aprendizado constante, sem o qual não é possível conseguir interpretar o impacto das notícias nos preços dos.

Este livro pretende ser um pequeno passo nesse aprendizado constante.

SEÇÃO

2

A mente

Nesta seção, discutiremos assuntos vinculados à forma como nossas emoções interferem na nossa tomada de decisão.

Começaremos discutindo alguns conceitos apresentados por Kahneman e Tversky, como a aversão a perdas e as consequências que isso traz na hora em que decidimos investir em risco. Dando continuidade, discutiremos o porquê de uma aparente baixa alocação em ativos de risco dos investidores locais.

Abordaremos na sequência, uma série de vieses que aparecem na hora em que vamos comprar ou vender ações e que, em muitas circunstâncias, podem nos atrapalhar.

No penúltimo capítulo da seção, veremos como são criadas as bolhas e como devemos nos preparar para elas. Finalmente, encerraremos a segunda seção do livro entrando no dilema entre riqueza e felicidade.

2

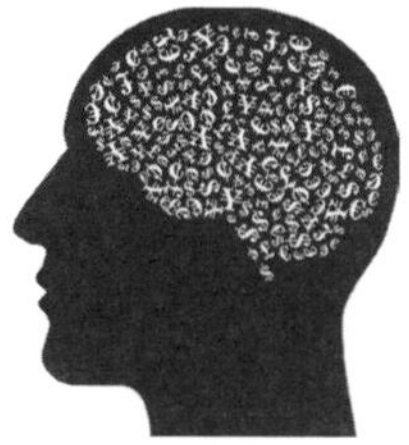

CAPÍTULO VI

A penny for your thoughts

UM CENTAVO PELOS SEUS PENSAMENTOS é o que dizem os americanos quando ficam intrigados em saber o que se passa na mente de alguém. Imagine se fosse possível entender o que se passa na cabeça do investidor e transformar isso em funções matemáticas que ajudem a compreender como é o processo de tomada de decisão de investimento. Parece assustador, saído das páginas de George Orwell, no seu clássico 1984, em que o Grande Irmão sabia de tudo e conseguia controlar tudo. Na verdade, isso já existe e não é obra de um escritor visionário e nem de um cientista maluco, mas de um psicólogo e matemático ganhador de um prêmio Nobel.

Daniel Kahneman trabalha há mais de 30 anos para entender como as pessoas avaliam situações que envolvem riscos. A Teoria da Perspectiva desenvolvida por ele e por Amos Tversky surgiu para tentar entender respostas que parecem muitas vezes irracionais. A Teoria da Perspectiva é, portanto, a busca por uma lógica por trás da aparente irracionalidade.

Nesse sentido, essa teoria difere de outras tantas. Ela foi criada a partir de constatações da realidade e não de um modelo matemático que, em muitas ocasiões, não reflete a realidade. As análises das funções de utilidade das finanças modernas eram assim. Partiam de postulados aparentemente lógicos, por exemplo: investidores desejam sempre aumentar sua riqueza ou investidores desejam maximizar seus retornos e minimizar seus riscos. Na verdade, esses postulados foram aos poucos se mostrando incompletos e imperfeitos. Pessoas podem se submeter a situações que podem provocar perda de riqueza quando desejam ajudar alguém e, em casos extremos, quando desejam prejudicar outrem. Mesmo o postulado sobre minimização de risco não é verdadeiro em 100% das situações. Existem casos em que se deseja correr mais riscos, mesmo que o retorno não compense.

Na teoria de Kahneman e Tversky, a matemática continua presente, mas surge para delimitar e dar estrutura às observações reais feitas pelos autores ao longo de muitos anos.

São duas as equações que tentam explicar o comportamento do investidor. A primeira é a Função de Valor ou *Value Function*[1] (VF) e a segunda é a Função de Ponderação de Probabilidades ou *Probability Weighting Function* (PWF). A primeira calcula o valor subjetivo associado a cada ganho ou perda. De forma simplificada, a perda de uma unidade monetária gera desgosto que só pode ser compensado pelo ganho de duas unidades monetárias. A segunda função mede a forma como os indivíduos avaliam mentalmente as probabilidades. De forma geral, as pessoas tendem a sobre avaliar chances baixas e a subavaliar chances medianas ou altas. Em certa medida, jogamos na loteria porque mentalmente avaliamos as nossas chances de ganho como sendo muito maiores do que realmente são e acabamos pagando um valor financeiro pela aposta, que embora pareça muito pequeno, é muito grande quando comparado às nossas possibilidades de ganho, isto é, o valor da aposta deveria ser bem menor do que realmente é, dada a quase desprezível chance de ganho.

Todo investimento pode ser representado como o conjunto de retorno e risco esperados, ou seja, todo investimento é uma distribuição de probabilidades. O risco pode ser medido pelo desvio padrão, que estima o quão

[1] Kahneman, D. & Tversky, A. *Prospect Theory: Analysis of Decision under Risk.* Ecometrica, 1979, 47(2). 263-292 p.

dispersos são os resultados possíveis. Quanto mais dispersos forem os resultados possíveis, ou seja, quanto menor a previsibilidade do resultado, maior será o risco do ativo. Com o risco e retorno, é possível calcular a utilidade de um investimento. Basta colocar as chances de ocorrência de cada retorno na PWF e multiplicar o resultado pelo valor associado a cada ganho ou perda. A somatória dessa multiplicação para todos os retornos é a utilidade do investimento. Complicado? De fato, não é tão simples como comparar rentabilidades ou utilizar alguns índices financeiros para comparar o desempenho de fundos de investimento. Mas uma boa planilha eletrônica consegue dar conta do recado. Não era o intuito de que, neste capítulo, o leitor saísse calculando utilidade de investimentos; na verdade, o que se pretendia dizer é que já é possível estimar e quantificar a forma como as pessoas reagem perante investimentos, com avaliações que são feitas por todos, mesmo sem saberem fazer a conta, pois elas são feitas com o seu "coração" ou quem sabe como seu "estômago", não com um micro nem com uma calculadora.

Benartzi e Thaler[2] usaram as ideias de Kahneman para tentar explicar o Prêmio de Risco (*Equity Premium*) do mercado acionário dos Estados Unidos. Eles definiram o conceito de "*Myopic Loss Aversion*" ou "Aversão a Perdas Míope", segundo o qual muitas pessoas relutam a investir em ações em função da aversão a perdas (definida por Kahneman) e do curto período de avaliação de resultados, mesmo para aqueles investimentos realizados com objetivos de longo prazo.

Eles concluíram que a atratividade das ações é inferior aos investimentos em renda fixa quando o período de avaliação é curto. Já em prazos maiores, a situação se inverte. Isto ocorre porque a volatilidade das ações é alta e, em horizontes curtos, acaba provocando com grande frequência resultados negativos, o que desagrega muito valor em função da aversão a perdas. Quando o horizonte de avaliação aumenta, acontecem dois efeitos.

---

[2] Benartzi, S. & Thaler, R. *Myopic Loss Aversion and the Equity Premium Puzzle.* Quarterly Journal of Economics, 110(1), 1995. 73-92 p.

O primeiro é que a frequência de retornos negativos diminui em função da Diversificação Temporal ou *Time Diversification* e em segundo lugar, o *Equity Premium* aparece. Ou seja, a aversão a perdas e os curtos horizontes de avaliação acabam fazendo com que muitos investidores não invistam em ações e consequentemente, não se beneficiem dos retornos do mercado acionário no longo prazo.

A princípio, é importante entender que temos esse viés de curto prazo e cabe também aos assessores financeiros alertarem, com a Aversão a Perdas Míope, esses vieses de comportamento para que possam ser combatidos com mais eficiência. Porém não são eles os únicos que podem usar os conceitos das finanças comportamentais como uma importante ferramenta. Áreas que desenvolvem produtos financeiros nos bancos e nas empresas de gestão de ativos também podem usá-los, pois lhes permitem criar produtos e gerir portfólios que agreguem mais valor ao investidor.

Fica, então, um conselho simples e prático: tome muito cuidado em avaliar seus investimentos de longo prazo com um olhar de curto prazo, é como querer navegar em um oceano guiado não por uma luneta e um astrolábio, mas por uma lupa. Pode-se perder oportunidades e sofrer perdas desnecessárias.

Hás momentos em que as práticas são reformuladas. As finanças comportamentais talvez sejam um desses pontos de mudança para o universo de investimentos.

Ah! Já ia me esquecendo... Pode guardar o seu centavo, pois Kahneman já desvendou a mente do investidor.

CAPÍTULO VII

A exposição a risco do investidor brasileiro, um ovo de Colombo

DIZ A LENDA QUE NO SEU REGRESSO à Espanha, Colombo foi convidado a um banquete no qual vários comensais comentaram que não viam nenhuma façanha no que ele tinha feito, pois era evidente que dava para chegar às Índias navegando para o Ocidente. Colombo pegou um ovo e desafiou os participantes a que o colocassem em pé. Após muitas tentativas frustradas por parte dos convidados, Colombo pegou o ovo e o bateu levemente contra a mesa, provocando um pequeno achatamento que permitiu com que o mesmo ficasse em pé. “Óbvio, desse jeito eu também teria conseguido”, disse um dos presentes, que ainda não percebera que aquilo não tinha sido um desafio, mas uma sutil resposta. Há coisas que parecem óbvias, fáceis ou até evidentes, depois de terem sido vistas, feitas ou ditas por alguém.

Uma coisa que intriga muita gente é a baixa exposição ao mercado acionário dos investidores locais. Uma das explicações mais frequentes para a baixa parcela alocada em risco é a de que, no Brasil, os investidores são muito conservadores e não estão dispostos a correr o risco do mercado acionário. Veja que um investidor médio norte-americano investe aproximadamente 50% do seu portfólio no mercado de ações, enquanto que o investidor médio brasileiro não investe mais do que 15%.

Para tentar mapear a influência do comportamento do investidor, fui atrás de um dos pilares mais importantes das finanças comportamentais: a Teoria da Perspectiva (*Prospect Theory*), apresentada por Daniel Kahneman e Amos Tversky, em 1979. Tal teoria, que valeu o prêmio Nobel a Kahneman, em 2002 (Tversky já tinha antes da premiação), descreve o comportamento do investidor através de duas equações montadas em função de parâmetros comportamentais. Certamente, o mais importante deles é o coeficiente de aversão a perdas, que Kahneman estimou em 2,25 em um experimento realizado em 1992, com alunos de Berkeley e Standford. O coeficiente quer dizer que a perda de uma unidade monetária gera desgosto que só pode ser compensado pelo ganho de 2,25 unidades. Ou seja, a dor provocada por uma perda supera a alegria gerada por um ganho em 2,25 vezes.

Se de fato existisse algum viés comportamental que inibisse o investidor brasileiro a aplicar em ações, seria de esperar que os parâmetros da Teoria da Perspectiva calculados no Brasil fossem diferentes dos obtidos nos EUA.

Para verificar isso, fui até o laboratório de Economia Experimental da Fundação Getúlio Vargas. Segui à risca todo o procedimento feito por Kahneman e apliquei a um grupo de participantes exatamente as mesmas perguntas feitas no experimento de 1992. Foi solicitado aos estudantes que optassem entre participar de 64 jogos, nos quais os ganhos (ou perdas) dependiam de probabilidades, ou receber (ou pagar) um valor fixo e desistir de jogar. Todas as perguntas seguiam o seguinte modelo: "Suponha um jogo no qual você tem 90% de chance de ganhar zero e 10% de chance de ganhar R$ 50,00". Os participantes, então, deviam escolher o valor fixo a ser recebido, pelo qual desistiriam do jogo. Por exemplo, alguns respondentes poderiam escolher receber antecipadamente R$5,00 e desistir do jogo, outros poderiam exigir R$10,00. Enfim, todos deveriam escolher um valor. Os mais conservadores exigiam valores altos e os mais arrojados exigiam valores menores.

A diferença entre as 64 perguntas eram basicamente o valor a ser recebido, caso o jogo fosse ganho (no caso do exemplo anterior, R$50,00), as probabilidades (no caso citado, os 90% e os 10%) e se o jogo se referia a chances de ganhos, de perdas ou a uma combinação de ambas. Com o mapeamento das perguntas feitas a cada um dos participantes, foi possível montar um sistema de equações que ao ser resolvido, gerava como resposta os coeficientes comportamentais da Teoria da Perspectiva, inclusive o coeficiente de aversão a perdas.

Os resultados do experimento foram surpreendentemente parecidos com os encontrados nos EUA, a começar pelo coeficiente de aversão a perdas, que foi estimado em 2,21 para o Brasil, contra os 2,25 dos Estados Unidos.

A conclusão a que se chega é bastante simples: se acreditamos que a Teoria da Perspectiva de fato explica a forma como as pessoas se posicionam perante o risco, temos de aceitar que a diferença entre o percentual alocado em bolsa no Brasil e nos EUA não se deve a fatores comportamentais.

Sabemos que não são os parâmetros comportamentais os principais responsáveis pela menor exposição à bolsa aqui nos trópicos. Qual será então a causa principal desse padrão? Responder essa pergunta é mais difícil, mas certamente devemos ter questões ligadas à tradição, já que as famílias americanas investem na bolsa há muitas décadas e dessa forma, torna-se normal para um investidor jovem começar também a aplicar. Podemos ter também motivos normativos que fazem com que há muito tempo os investimentos em bolsa sejam vistos de uma forma correta em termos jurídicos e institucionais nos EUA, enquanto que os grandes avanços do mercado brasileiro nesse sentido são muito recentes. Entretanto, não dá para negar que é o histórico de juros reais extremamente altos vigentes no Brasil durante muitos anos que fez com que os portfólios tivessem uma exposição enorme em renda fixa, mesmo para os investidores de perfil mais agressivo.

De certa forma, essa constatação traz esperança sobre o crescimento futuro do mercado acionário brasileiro, já que segundo as conclusões do estudo, não há nada de comportamental que impeça o brasileiro de alocar em risco e assim sendo, a grande diferença entre as alocações no Brasil e nos Estados Unidos é explicada pelo retorno dos ativos, dentre eles o nível da taxa básica de juros e o Prêmio de Risco (*Equity Premium*) do mercado acionário. Ou seja, as barreiras ao mercado acionário são mais circunstanciais do que estruturais.

A mesma conclusão pode ser vista de outro ângulo. Se os investidores americanos fossem submetidos às condições do mercado brasileiro, teriam basicamente uma alocação muito semelhante à dos investidores locais, ou seja, uma aparentemente baixa exposição à bolsa.

Dado que, nos últimos anos, o Brasil trabalha em um movimento importante de redução da taxa básica de juros — movimento esse que se espera continuidade nos próximos anos. Por isso, podemos acreditar que o mercado brasileiro de ações caminha na direção de se tornar, em termos proporcionais, tão importante e relevante como o dos EUA.

Não é sem motivo que começamos a ver os *Home Brokers* (sistemas de negociação eletrônica de ações via internet) ganhando espaço e conquistando cada vez mais adeptos nos últimos anos, assim como não é sem motivo que vemos uma demanda crescente por informação sobre investimentos, também chamada de Educação Financeira. Grandes associações ligadas ao mercado estão investindo cada vez mais recursos nos programas educativos, na mesma linha a bolsa e muitas outras instituições. Todos sabem que o investidor vê que vale a pena sair de investimentos tradicionais e migrar parte do seu portfólio para investimentos de risco, só que nesse caminho é preciso aprender. O investidor reconhece que, para ter sucesso no mercado de ações, é necessário bem mais do que sorte, é fundamental ter profundos conhecimentos do mercado.

Bem, se por um lado a constatação da semelhança entre os investidores americanos e brasileiros me parece um fato novo e de extrema importância, por outro, sendo bem sincero, o fato do nível de juros ser um dos principais fatores que inibem o investidor brasileiro a aplicar em bolsa era algo que mesmo antes do teste de laboratório já me parecia óbvio... Tal qual o ovo.

CAPÍTULO VIII

Mercado de ações, Ulisses pode nos ajudar

A ODISSEIA DE HOMERO é uma obra fantástica, narra as aventuras de Ulisses aproximadamente dez anos depois da Guerra de Troia. Escrita provavelmente no século VIII a.C., exalta, com elegante construção, a civilização grega. O nome da obra é uma variação do nome do próprio personagem principal, Ulisses, também chamado de Odisseu.

Dentre os maiores perigos pelos quais Ulisses passou, destaca-se a passagem na qual ele, com o objetivo de chegar ao seu destino, precisa navegar nas costas de uma ilha, onde moram as perigosas sereias.[1] As sereias eram seres maus, com voz e cabeça de mulher, mas com corpo de pássaros,[2] que tinham sido condenadas por Afrodite a viverem confinadas naquela ilha. As sereias, com um canto de som encantador, seduziam os navegantes que por ali passavam, a fim de matá-los e depois devorá-los

Para atravessar, Ulisses pediu a sua tripulação que o amarrassem ao mastro do barco e que todos selassem os ouvidos com cera de abelha. Ao

---

[1] HOMERO. *A Odisseia*. Rio de Janeiro: Ediouro, 2001.

[2] Ao contrário das sereias da tradição celta, as sereias da Odisseia não tinham rabo de peixe.

verem-no passar, a sereias iniciaram o seu canto. Ulisses, ao ouvi-las, debateu-se sem sucesso, tentando livrar-se das amarras, para ir atrás delas. Aos poucos, o barco foi se afastando até estar distante o suficiente do litoral da ilha, para que as terríveis sereias não fossem mais ouvidas. Dessa forma, Ulisses conseguiu seguir o seu rumo.

Este capítulo pretende abordar a forma como nossa mente funciona na hora em que transacionamos ou pretendemos transacionar ações.

Para começar, acho importante trazer novamente o conceito de aversão a perdas, que abordamos anteriormente. Sabemos que as perdas doem muito. Elas doem bem mais do que os ganhos trazem alegria. A Economia Experimental permitiu testar em laboratório esse viés e conseguiu mostrar que, de forma geral, a dor de uma perda só pode ser compensada pela alegria de um ganho duas vezes maior.

Um ponto que intriga muitos estudiosos das finanças comportamentais é por que as pessoas assumem riscos se as possíveis perdas podem machucar tanto. Ou seja, a simples antevisão das perdas deveria de alguma forma fazer com que as pessoas simplesmente não investissem em risco, mas não é isso o que observamos. Pelo contrário, vemos uma crescente parcela da população que quer investir em bolsa. A resposta a esse ponto passa por um viés comportamental chamado de Excesso de Confiança ou *Overconfidence*.

O Excesso de Confiança é um viés que faz com que as pessoas, e não apenas os investidores, considerem-se de alguma forma superiores aos outros e portanto, merecedores de um melhor tratamento por parte do destino ou da Deusa da Fortuna — lembrando nosso primeiro capítulo. Dessa forma, as pessoas superavaliam as suas capacidades de tomar decisões financeiras corretas, ou seja, sua capacidade de encontrar oportunidades no mercado financeiro, tais como comprar ações ou outros ativos subavaliados.

Em muitas circunstâncias da vida, essa característica também aparece. Quando se pergunta a um grande auditório quem é que se considera melhor motorista do que a média, temos que, invariavelmente, perto de 80% das pessoas levantam a mão. Veja que, se o auditório é grande, deveríamos esperar que algo semelhante a 50% das pessoas se considerassem melhor do que a média e que os outros 50%, abaixo. Na verdade, a diferença entre os 50% esperados e os 80% observados pode ser atribuída ao Excesso de Confiança.

Contudo este viés caminha junto com outro, que acaba potencializando os efeitos do primeiro. Trata-se do viés de confirmação. De forma geral, costumamos acreditar mais em dados, notícias e informações que confirmam a nossa visão do mercado (e do mundo) e desconsiderar aqueles que vão contra o que pensamos. Por exemplo, ao ler um jornal no qual 50% das notícias vão a favor uma determinada posição nossa e as outras 50% vão contra, tendemos a acreditar que o jornal é muito mais positivo para a nossa visão do que negativo. Isso acontece, pois a cada notícia a favor passa pela nossa mente aquela velhas frases: "Eu não disse?" "Sabia que era assim" ou "Tá vendo?" Já as notícias contrárias, passam mais despercebidas e ficam em segundo plano na nossa mente. Veja que a junção entre o Excesso de Confiança e o viés de confirmação é particularmente perigosa. O que acontece é que superestimamos nossa própria capacidade e achamos que o mundo tende a nos apoiar.

Acho que uma prática muito saudável, que pode reduzir os efeitos negativos desses dois vieses, é sempre pensar que existem possibilidades de estarmos equivocados nas nossas análises e posições. Seria conveniente se questionar sempre sobre o que poderia acontecer que complicaria os nossos investimentos. Vale procurar pessoas que tenham formas diferentes de ver as coisas, para que então possam ser ouvidas e, quem sabe assim, consigamos abrir nossos olhos e mudar nossa visão, caso estejamos equivocados, ou então possamos continuar com as nossas posições, só que de uma forma mais madura e consciente, avaliando prós e contras.

Em capítulos anteriores, discutimos também os tipos de análises que podem ser utilizadas para decidir em que ação (ou outro ativo) vale a pena investir e quando. Trata-se da análise gráfica e da análise fundamentalista, sendo que também pode ser muito valiosa uma combinação de ambas — utilizando a análise fundamentalista, para selecionar em que papel devemos investir, e a análise gráfica, para escolher bons momentos de entrar.

Discutimos que ambas as análises usam de alguma forma o passado para projetar o futuro e é precisamente um futuro promissor, em termos de valorização ou de pagamento de dividendo que serve como critério de compra.

Acontece que, com muita frequência, outros fatores passam a influenciar nossas decisões de comprar ou vender uma ação. O viés da ancoragem é sobre isso.

Uma vez, em um seminário,[3] participei da aplicação de um experimento sobre ancoragem. Fizemos aos participantes duas perguntas, não correlacionadas. A primeira era qual o número da residência onde a pessoa morava e a segunda, quantos países tem a ONU.[4]

A princípio não deveria haver nenhuma relação entre as duas respostas, mas não foi isso o que observamos. As respostas foram digitadas, depois classificadas em ordem crescente de número da residência. E pasmem, o valor médio para os países da ONU, estimado por pessoas cujos números da residência era acima da mediana, foi 80% maior do que aquele dado por pessoas com número da residência abaixo da mediana. Vejam que, por serem dados não correlacionados, deveríamos ter que as duas médias dos países da ONU fossem ao menos bem parecidas.

O que acontece é que, de alguma forma, a nossa mente guarda certas informações que passam indevidamente a influenciar decisões não ligadas a elas. Ou seja, a mente às vezes fica ancorada a informações passadas.

Algumas informações são típicas influenciadoras do comportamento no mercado acionário e acabam lamentavelmente funcionando como âncoras naturais. Trata-se dos preços máximos e mínimos atingidos por determinada ação e do preço pelo qual o investidor comprou suas ações. O investidor fica com esses preços gravados na mente e suas decisões pas-

[3] Foi em 25 de Setembro de 2010, no 2° Seminário de Planejamento Financeiro Pessoal, durante o Painel de Finanças Comportamentais, do qual fui mediador. O experimento foi aplicado por Aquiles Mosca, que foi um dos palestrantes.

[4] Esta é para os curiosos: a ONU conta com 192 países-membros (fonte: ONU).

sam a ser influenciadas por eles. Passam então, pela mente as típicas frases: "Quando a ação voltar ao preço pelo qual eu comprei, aí eu vou vender" ou "assim que ação voltar ao preço máximo..." ou ainda "quando bater aquele preço mínimo...".

É sempre conveniente que as decisões sejam tomadas pelas perspectivas futuras da ação e não por acontecimentos ou cotações passadas.

Um tipo especial de ancoragem é o arrependimento por não ter comprado antes. Esse aparece sempre que foi detectada uma possibilidade de compra de uma ação, mas que antes de ter feito a transação, a ação começa a valorizar de forma significativa. O investidor fica com uma sensação de que a oportunidade foi perdida, o que nem sempre é verdade. Às vezes, perdeu-se apenas parte da valorização e não toda ela.

Mais uma vez, o que deve dizer se ainda vale a compra ou não são as perspectivas de valorização futura da ação e não o que aconteceu no passado.

A falsa percepção da aleatoriedade é outro viés que afeta muitos investidores, principalmente os menos experientes. É uma busca por padrões ou sequências, que são apenas obra do acaso, na maioria das vezes. Aqueles que estão sujeitos a esse tipo de viés pensam, por exemplo, que dezembro é um bom mês de compra, pois a bolsa sempre valoriza nesse período. Mas o que quer dizer sempre? Os últimos cinco anos? Ou pensam que sempre quando há um IPO,[5] a ação que está sendo lançada valoriza mais de 5% no mesmo dia?

São tantas as possibilidades que fica difícil enumeradas à exaustão, entretanto, deixo aqui um conselho: cuidado em buscar padrões onde só existe o acaso, a aleatoriedade.

Por último, vale a penar abordar os vieses que provocam *paralise* na tomada de decisão, este é o caso do medo do arrependimento.

---

[5] IPO — *Initial Public Offering* ou Oferta Primária de Ações — processo no qual uma empresa abre seu capital e capta recursos no mercado para se financiar.

Como o arrependimento por ações que tomamos tende a ser maior do que o arrependimento quando nos omitimos, acontece que temos um tipo de *paralise*, ou seja, um enorme viés ao *status quo*. Em outra palavras, quando trocamos uma ação no nosso portfólio e essa ação não vai bem (digamos que as cotações caiam), temos uma sensação de arrependimento que é bem maior do que se não tivéssemos tomado a decisão de troca de ações no nosso portfólio, mesmo que as consequências financeiras tivessem sido as mesmas. Resumindo, tomar uma decisão e errar costuma ser mais doloroso do que não fazer nada e, por isso, também errar.

Não estou dizendo que devamos sempre estar tomando decisões de compra ou venda no mercado, entretanto é importante que boas oportunidades não deixem de ser tomadas por puro medo do arrependimento.

Já falamos em outros momentos deste livro que para ser bem-sucedido com os investimentos na bolsa de valores é necessário ter mais conhecimento e capacidade de análise do que a maior parte dos agentes que operam no mercado. Mas não é só isso, é preciso também entender que a nossa mente tem vieses que dificultam a nossa correta tomada de decisão. Nossa mente não costuma ser uma boa conselheira, pois as emoções costumam aflorar em momentos indevidos. A certeza vem quando devíamos ter dúvidas e vice-versa. A ganância quando devíamos realizar lucros. O medo quando devíamos começar a comprar etc.

O ponto que gostaria de deixar aqui como conselho é que devemos saber que esses tipos de emoções irão aparecer. Devemos monitorá-las, quem sabe fazer uma espécie de *checklist*, e quando então aparecerem, devemos tentar submetê-las a nossa racionalidade, pois só assim poderemos extrair os melhores resultados dos investimentos. Ou seja, sabendo que virão, devemos nos proteger contra elas para que possamos atingir os nossos objetivos.

É algo semelhante a proteger-se de si mesmo, não dando espaço para as sereias que vivem na nossa própria mente. A história de Ulisses pode nos ajudar...

CAPÍTULO IX

A névoa da guerra: como surgem as bolhas

"A NÉVOA DA GUERRA" é uma expressão, atribuída a Carl von Clausewitz, a qual descreve a combinação de fumaça e pólvora que toma conta do campo de batalha e que em muitas circunstâncias, não nos deixa ter uma perfeita visão dos movimentos do inimigo, dificultando a tomada de decisões.

Essa expressão transcende a circunstância a que se refere e pode servir para interpretar também a dificuldade dos líderes de dois países em guerra em interpretar as intenções e a real força do oponente, o que pode levar a decisões erradas, como invadir, quando seria melhor negociar, ou recuar e render-se, quando seria melhor atacar.

Carl von Clausewitz foi um grande estrategista militar. Nascido na Prússia (atual Alemanha), no fim do século XVIII, acumulou enorme conhecimento militar em função de sua experiência no campo de batalha na época das guerras napoleônicas. Com sua enorme capacidade de interpretar os movimentos do oponente, ascendeu até o cargo máximo do exército prussiano. Compilou seus aprendizados em um livro chamado *Vom Kriege*[1] (em português, *Da Guerra*).

Em 29 de outubro de 1929, ocorreu o *crash* da bolsa de Nova York, que provocou uma destruição de riqueza sem precedentes e levou o mundo à maior depressão já vista. Essa crise não foi a primeira bolha que se formou no mundo. A das tulipas, ocorrida na Holanda, no século XVII, é um exemplo singular de como a irracionalidade pode levar a consequências economicamente desastrosas.

No auge das negociações, antes de a bolha estourar, um bulbo de tulipas chegou a ser negociado a preços equivalentes, em poder de compra, a atuais 30 mil euros. O ponto comum a todas as bolhas é que em determinado momento, um grupo considerável dos compradores de um ativo o adquirem não pelos benefícios trazidos por ele, mas pela simples expectativa de que o ativo se valorizará em um curto espaço de tempo e dessa forma, será possível obter um lucro fácil. Em outras palavras, não era pela beleza intrínseca da flor nem pela expectativa de comover a mulher amada que alguém pagava uma fortuna por uma tulipa, mas pela prosaica ideia de que, em poucos dias, poderia ser vendida a um terceiro por uma fortuna ainda maior.

Crises como a do setor imobiliário japonês, a de Nasdaq e a de 2008 têm como essência essa característica de bolha. Não era para uso próprio nem para obtenção de rendas de aluguel que se comprava um imóvel; nem era pelos dividendos ou pela expectativa de um Prêmio de Risco de longo prazo que se compravam as ações. Tais investimentos eram feitos em função da perspectiva de valorização do ativo no curto prazo.

O ponto é que, após um ciclo de valorização rápida e excessiva, a qualquer sinal, interno ao mercado ou externo a ele, que suprimisse do horizonte a continuidade do processo de valorização, os vendedores ao desmontarem suas posições, faziam os preços desabarem no vazio — quase sem volumes transacionados. Isso por pura falta de compradores, já que a maior parte de-

[1] CLAUSEWITZ, Carl von. *On War*. Everyman Library, 1996.

les estava interessada em uma perspectiva de valorização instantânea, e esta, como diria Machado de Assis, tinha "rido, como um escárnio, e sumido, como uma ilusão".[2]

É evidente que esse não é o único motivo gerador de uma bolha, já que para que ela ocorra devem estar presentes, principalmente, um ciclo inicial de valorização do ativo baseado em fundamentos reais e uma relevante oferta de liquidez no sistema. No entanto, há também componentes comportamentais ou até antropológicos que tornam a bolha possível.

Nosso cérebro apresenta uma série de vieses. Daniel Kahneman, israelense, prêmio Nobel de Economia de 2002, possui uma formação acadêmica raramente encontrada: é psicólogo e, ao mesmo tempo, matemático. Certamente, as descobertas feitas por ele não apenas estão solidamente ancoradas na sua formação, mas dificilmente conseguiriam ter sido feitas por cientistas que não levassem dentro de si os conhecimentos de duas ciências até então diametralmente opostas. Kahneman, em conjunto com seu colega Amos Tversky, mapeou uma série de vieses que se fazem presentes na hora em que decidimos investir — principalmente quando esses investimentos envolvem algum tipo de risco.

Em primeiro lugar, o ser humano tem uma especial predileção pelo curto prazo. Ganhos rápidos nos atraem e isso pode ser explicado pelo simples fato de sermos os únicos seres deste planeta capazes de entender que a nossa existência é limitada e de duração indefinida. Em muitas circunstâncias, entendemos que benefícios futuros, por maiores que sejam, não valem a espera e acabam sucumbindo perante pequenas compensações iminentes. Em segundo lugar, por estarmos sujeitos a um desproporcional excesso de confiança, acreditamos que merecemos ser tratados pelo mundo de uma forma melhor que o mundo trata os outros, o que nos leva a crer que a sorte estará do nosso lado e assim nos tornamos adeptos a apostas que estatisticamente têm ínfimas chances de ganho. Finalmente, somos cegos às

[2] ASSIS, Machado de. *Memórias póstumas de Brás Cubas*. Klick Editora, 1997. 31 p.

probabilidades, por isso não conseguimos processar nas nossas mentes as grandes chances de fracasso que estão contidas em apostas de curtíssimo prazo, no mercado acionário, ou onde quer que seja.

Essa combinação de vieses torna turva a nossa visão e nos impede de avaliar corretamente algumas decisões de investimento. Pois é, essa é a névoa da nossa guerra.

Acho importante destacar que não é fácil perceber quando uma bolha está se formando. Sabemos apenas que os preços estão subindo e, geralmente, aparecem explicações das mais variadas, tanto daqueles que acreditam na bolha, como daqueles que não acreditam nela. Lamentavelmente, assim como em tantos outros acontecimentos da economia, só conseguiremos ter certeza de que era uma bolha quando estourar.

Enfim, a crise de 1929 não foi a primeira e, infelizmente, temos de convir que a de 2008 não será a última, mesmo que a regulamentação melhore e os agentes econômicos tenham sentido na própria pele ou nos próprios bolsos os efeitos de uma bolha. Sabemos que a história se repete e como diria o escritor espanhol erradicado nos EUA, George Santayana: "Aqueles que não conseguem lembrar o passado estão condenados a repeti-lo".[3] Por isso, tome cuidado ao ver processos de valorização exagerada de ativos, pois podem ser indícios da formação de uma bolha.

[3] Santayana, G. *A vida da razão*. Volume I, Cap. XII. 1905.

CAPÍTULO X

Os lírios do campo, a riqueza e a felicidade

DIFÍCIL ABORDAR O DILEMA entre dinheiro e felicidade sem cair em uma série de chavões repletos de moralismos e uma abordagem puramente religiosa. Entretanto, esta nossa sociedade em profunda mudança e reconstrução de valores começa a nos abrir espaços para discutir esse dilema através de uma nova perspectiva, que é o tema da sustentabilidade.

Sustentabilidade, nos dias de hoje, é um conceito muito amplo e maduro, e que interliga uma enorme quantidade de assuntos que, de fato, nunca deviam ter sido separados.

A relação das pessoas com o dinheiro precisa ser sustentável tanto no sentido individual ou micro, como também no seu aspecto mais amplo. No sentido micro, convém a cada um pensar se o seu padrão de consumo é sustentável, ou seja, se pode ser mantido sem a necessidade de uma ruptura em algum momento do tempo. A questão que surge é por quanto tempo uma pessoa que gasta mais do que ganha conseguirá manter esse nível de consumo antes de ver linhas de crédito cortadas. E quais serão as consequências decorrentes da inadimplência? Como será a aposentadoria dessa pessoa?

Já no sentido macro da sustentabilidade, temos de aceitar fortíssimas evidências de que o planeta não consegue suportar o nosso atual nível de consumo. As fontes naturais estão sendo esgotas em ritmos acelerados. De alguma forma, o uso consciente do dinheiro é um poderoso vetor de sustentabilidade, pois pode resolver o problema macro, começando por resolver os problemas individuais.

Acho que para discutir a relação entre felicidade e dinheiro, deveríamos em primeiro lugar tentar entender o que é a própria felicidade. Certamente não é a mesma coisa do que alegria. Essa última é passageira, brota do estado de humor e pode ser volátil. Está vinculada a atos simples da vida, como um chope com os amigos ou a vitória do seu time.

A felicidade também não é sinônima de bem-estar. Esse último está vinculado a bens materiais e físicos. O dinheiro funciona muito bem em termos de bem-estar, já que pode proporcionar muitas coisas nesse sentido, tais como o conforto de uma bela casa, um bom carro, alimentação e bebida em qualidade e quantidade.

A felicidade é um conceito muito mais profundo e de difícil mensuração, que permeia a existência a partir de coisas realmente fundamentais, como a nossa realização pessoal e a certeza da construção de um legado. Veja que o dinheiro de uma forma muito clara consegue afetar o bem-estar e a alegria, mas não afeta da mesma forma a felicidade.

Para medir a relação entre o dinheiro e felicidade, foi feito um estudo no qual se comparou a renda anual de uma pessoa com a sua felicidade (autodeclarada).

Verificou-se que, para rendas abaixo de US$3.500 ao ano, existe uma clara e elevada relação crescente entre riqueza e felicidade. Ou seja, nessa faixa de renda, mais dinheiro traz claramente mais felicidade. Na faixa de renda entre US$3.500 e US$12.000, ainda se observa uma relação crescente entre dinheiro e felicidade, só que em uma intensidade bem menor, ou seja, dinheiro continua trazendo felicidade, só que não no mesmo ritmo. Finalmente, ao analisar a faixa de renda acima de US$12.000, os pesquisadores não encontraram uma relação significativa entre renda e felicidade.[1]

Aparentemente, a falta de dinheiro traz infelicidade. A escassez de recursos pode levar pessoas a viverem no limiar da subsistência e, nessas circunstâncias, é evidente que há obstáculos tremendos para a felicidade. O mesmo pode ser dito sobre aqueles que estão acima do nível de subsistência, mas encontram sérias dificuldades para criar os filhos com algum tipo de conforto ou então sobre aqueles a quem faltam opções de lazer ou ainda que não conseguem se planejar contra as eventualidades da vida nem contra os desígnios do futuro.

Superada essa barreira, ou seja, após o acesso a esse conjunto de coisas vinculadas à subsistência e ao bem-estar básico, o dinheiro deixa de trazer felicidade. A sua função nesse sentido acaba. E veja que é uma barreira bastante baixa, estamos falando de US$12.000.

---

[1] MACEDO JR. Jurandir Sell. *A Árvore do Dinheiro*. Elsevier, 2010.

Isso pode ter alguma coisa a ver com as dificuldades que passam a estar presentes por causa do simples fato de se ter mais dinheiro. Insegurança, medo de perder o que se conquistou, vontade de manter o padrão de consumo, nem que seja à custa de muitas horas de trabalho. Isto é, ganha-se de um lado, mas perde-se de outro. "Considerai os lírios, como eles crescem.; não trabalham nem fiam, e digo-vos que nem ainda Salomão, em toda sua a glória, vestiu-se como um deles."[2] A passagem de Lucas nos ajuda a pensar que toda essa preocupação indireta com o dinheiro de alguma forma pode nos tirar a tranquilidade e talvez para muitos acabe não compensando.

Certamente, existem coisas importantes que o dinheiro compra, já citamos muitas coisas ligadas ao bem-estar, mas também há tantas coisas relacionadas a momentos com as pessoas que amamos, ou a tranquilidade que uma reserva de emergência pode nos trazer, ou ainda a liberdade decorrente de ter disponibilidade de recursos. Entretanto, existe uma série de coisas que o dinheiro não compra, como a força do nosso caráter, uma postura positiva perante a vida e suas adversidades, a amizade e o amor verdadeiro. Como ilustração, não dá para deixar de citar a célebre passagem de *Memórias Póstumas de Brás Cubas*, na qual o protagonista da obra de Machado de Assis, percebendo a precariedade do amor de sua companheira, escreve: "Marcela amou-me durante quinze meses e onze contos de reis".[3] Pois é, Brás Cubas demorou um tanto para perceber que o amor de Marcela não era verdadeiro.

---

[2] *Bíblia* (Lucas 12,27).

[3] ASSIS, Machado. *Memórias póstumas de Brás Cubas*. Klick Editora, 1997. 53 p.

Para concluir este breve capítulo, acho que vale citar que a própria forma como as religiões passaram a lidar com o dinheiro e os bens materiais tem mudado e amadurecido ao longo do tempo. É claro que as religiões de origem protestante aprenderam a lidar com esse dilema muito cedo, desde suas próprias origens, o mesmo pode ser dito do judaísmo, entretanto o próprio catolicismo entende que o problema da riqueza está muito mais vinculado ao papel que o dinheiro exerce na vida do individuo e não ao valor absoluto de riqueza possuído.

O dinheiro em si é um bem, mas que deve estar a serviço da nossa felicidade individual e daqueles que estão a nossa volta.

SEÇÃO

3

O plano

Nesta terceira e última seção, vamos falar de assuntos muito mais práticos do dia a dia das pessoas.

Começaremos falando de planejamento e da conveniência de se ter um orçamento. Depois, abordaremos a necessidade de possuir uma reserva de emergência que nos proteja de eventualidades. Após, continuaremos discutindo a preparação para a aposentadoria.

Não poderia faltar o assunto dos juros, ou seja, de como escolher se é favorável fazer compras à vista ou financiadas. Sem esquecer que muitas vezes vale a pena pôr o dinheiro para trabalhar ao nosso favor.

O livro chegará ao fim com uma interessante estratégia para investir no mercado de ações.

3

CAPÍTULO XI

Equilíbrio, planejamento e vírus letal africano

O VÍRUS DE LASSA É ORIGINÁRIO do norte da Nigéria, de uma pequena vila com o mesmo nome. Ele provoca uma febre hemorrágica fortíssima, que pode levar uma pessoa à morte em poucos dias. Seus sintomas são: febre alta, taquicardia, vômitos e diarreia com sangue.

Esse vírus foi descoberto em 1969 por meu tio-avô, Jordi Casals Ariet, em circunstâncias que quase lhe custaram a vida. Ele e a sua equipe tinham saído dos EUA para pesquisar o vírus nas proximidades da vila de Lassa e em função de terem tido contato com ele, duas das suas assistentes foram infestadas. Em poucas horas, os sintomas começaram a aparecer. A febre subiu. As hemorragias apareceram. Apenas três dias depois de detectada a infecção, ambas faleceram.

Uma terceira assistente, de nome Lily Pinneo, foi também contaminada poucos dias depois. Já sabendo da gravidade da situação, Lily foi transferida para os EUA, onde haveria melhores condições para tratá-la, embora não se conhecesse nenhum tratamento de comprovada eficácia contra a doença. O Dr. Casals foi junto com ela para acompanhar a evolução do caso. Em poucos dias, a assistente tinha perdido 13kg e caminhava em direção certa para a morte. De forma misteriosa e sem um tratamento específico, a paciente começou a apresentar melhoras. Aparentemente tinha desenvolvido algum tipo de anticorpo. Ela ficaria totalmente recuperada algumas semanas depois.

O Dr. Casals nem teve tempo para comemorar o início da melhora de sua colaboradora. Ele começou também a sentir os sintomas da febre letal. Por alguns dias, a doença avançou sem tréguas e sem dar nenhum sinal de recuo.

Vendo que não havia muitas alternativas, meu tio-avô pediu que fosse colhida uma amostra do sangue de Lily e injetada no seu corpo, em forma de transfusão. Sem dúvida, ele tinha certeza do que poderia ocorrer, embora tivesse a esperança de que o que quer que tivesse salvado a assistente poderia salvá-lo também.

O Dr. Casals teve sorte e, em pouco tempo, os indícios de melhora começaram a aparecer. A febre perdeu força, as hemorragias cessaram. O seu organismo, embora fragilizado pela febre, tinha conseguido derrotar o vírus. Jordi Casals, descobridor do vírus de Lassa, tinha sentido na pele o poder da doença e, principalmente, tinha conseguido sobreviver a sua própria descoberta.

Sua vida foi dedicada ao estudo de vírus raros e sua principal obra não foi a descoberta do Lassa, mas o desenvolvimento de um sofisticado sistema de classificação de vírus usado por muitos até hoje.

São várias as lições que podem ser extraídas dessa história, tais como a coragem, o valor da vida, a importância do estudo e o amor pela profissão, que em casos extremos pode levar à morte. É sobre outra lição, não tão evidente, sobre a qual se suporta este capítulo: às vezes, a mesma coisa que mata uns pode também ser a cura de outros. A sabedoria popular explica isso muito bem ao dizer que a diferença entre o veneno e o remédio, em muitos casos, é apenas a dose. Vírus puros são muitas vezes letais, vírus atenuados podem curar ou evitar contaminações.

De certa forma, aquilo que matou duas integrantes da equipe do Dr. Casals e quase matou uma terceira, foi também aquilo que salvou o responsável pelo projeto.

Gosto muito da frase em latim *in medio virtus*, que muitas vezes é mal interpretada. Parece ser algum tipo de alusão à mediocridade. Longe disso, refere-se à importância do equilíbrio. O excesso pode matar, enquanto a moderação e o equilíbrio, às vezes curam.

O equilíbrio tem grande valor praticamente em todos os aspectos da vida, tais como na alimentação, na saúde e até nas finanças. Na alimentação, por exemplo, é claro que a gula não é uma virtude, tanto que os católicos chegam a colocá-la entre os sete pecados capitais, mas por outro lado a bulimia ou a anorexia também não são virtudes. Onde está a virtude? Está em algum ponto no meio desses extremos. Na saúde, temos mais um exemplo: é evidente que o sedentarismo não é uma virtude, porém o exercício excessivo com uso de anabolizantes também não o é. A virtude está em algum ponto no meio do caminho.

Nas finanças, não é diferente. Se de alguma forma o consumismo e a compulsão por adquirir bens não são virtudes, de outra, poupar em excesso sem querer gastar no presente também não é virtude. Aliás, isso se chama avareza e é mais um dos sete pecados capitais dos católicos. Ou seja, a frase *in medio virtus* também vale aqui.

O desafio então é ter um equilíbrio entre a vivência do dia a dia, aproveitando as coisas materiais e não materiais que o hoje pode nos dar, sem esquecer que os recursos materiais, o tempo e a própria saúde são bens que devem ser cuidados e protegidos também para o amanhã.

A vida obviamente não está no futuro, mas na caminhada. Nesse sentido, privar-se excessivamente de bens no presente não é uma boa prática de vida, pelo contrario, é negar essa visão da vida como caminho.

Jurandir Macedo[1] costuma dizer que existem dois grandes erros financeiros possíveis na vida de um ser humano:

1° Poupar pouco e viver muito.

2° Poupar muito e viver pouco.

O problema é que a variável que permitiria resolver a equação de quanto devemos poupar está totalmente fora do nosso controle: o nosso tempo de vida. O ser humano precisa se equilibrar em uma sutil linha, tendo a perfeita noção de que a sua vida é limitada e de duração indefinida.

Vejamos dois exemplos que ilustram de alguma forma cada um dos dois erros das finanças pessoais.

O primeiro erro pode ser elucidado pelo estilo de vida do filho de um magnata carioca do setor de hotelaria, nascido na primeira década do século XX. Seu nome: Jorginho Guinle.

Ele viveu intensamente a sua vida. "Vivi o que quis, quando eu quis", disse em certa ocasião. Na juventude, teve tudo o que se pode desejar. Gastou fortunas em roupas, carros e festas; teve romances com as mais belas mulheres de Hollywood; tornou-se a própria personificação do *bon vivant*. Orgulhava-se de nunca ter tido de trabalhar.

O problema é que custava muito manter o padrão de vida que ele levava e, aos poucos, a enorme fortuna que herdara foi minguando, até acabar quando ele cumpriu seus 80 anos. "Vivi demais. Achei que ia viver 80 anos. Estou com 87. Ferrei-me." Assim sendo, no fim de sua vida, viu-se obrigado a fazer o que nunca gostaria de ter feito: trabalhar. A sorte dele é que, com seu nome e sua reputação, ainda conseguiu manter um bom padrão de vida.

Se viver de excessos como se não houvesse amanhã pode destruir uma fortuna inteira, imagine o que pode acontecer com alguém que não nasceu

[1] MACEDO JR., Jurandir Sell. *A Árvore do Dinheiro*. Elsevier. 2010.

em berço de ouro e que se acostuma sistematicamente a gastar mais do que ganha. Não deve ser nada fácil chegar à velhice sem recursos, sem forças e sem condições para trabalhar. A vida de Jorginho, embora cheia de aventuras, é um símbolo das possíveis consequências de viver o hoje sem pensar no amanhã.

O segundo erro pode ser ilustrado não por um caso real, mas por uma poesia equivocadamente atribuída a Borges, cujo autor ainda é desconhecido, na qual uma personagem que de tão previdente esqueceu-se de viver:

> "Se eu pudesse viver novamente a minha vida,
> na próxima trataria de cometer mais erros.
> Não tentaria ser tão perfeito, relaxaria mais.
> Seria mais tolo ainda do que tenho sido.
> Na verdade, bem pouca coisa levaria a sério.
> Seria menos higiênico.
>
> Correria mais riscos, viajaria mais,
> contemplaria mais entardeceres, subiria mais montanhas,
> Nadaria mais rios.
>
> Iria a mais lugares aonde nunca fui,
> tomaria mais sorvete e comeria menos lentilha,
> teria mais problemas reais e
> menos problemas imaginários.
> Eu fui uma dessas pessoas que viveu sensata e
> produtivamente cada minuto da sua vida.
> Claro que tive momentos de alegria.
>
> Mas, se pudesse voltar a viver,
> trataria de ter somente bons momentos.
> Porque, se não sabes, disso é feito a vida.
> Não percas o agora.
> Eu era um desses que nunca ia a parte alguma
> sem um termômetro, uma bolsa de água quente,
> um guarda-chuva e um paraquedas;

Se voltasse a viver
começaria a andar descalço no começo da primavera
e continuaria assim até o fim do outono.
Daria mais voltas na minha rua,
contemplaria mais amanheceres
e brincaria com mais crianças,
se tivesse outra vez uma vida pela frente.
Mas, já viram, tenho 85 anos e sei que estou morrendo."

Jorginho não pensou no futuro ou quem sabe dimensionou-o de forma errada. A personagem do poema não viveu o presente. Eles erraram? Certamente sim, ambos assim o admitem. Quem errou mais? Impossível responder. Cada um viveu como quis e teve seus benefícios e seus ônus. Ambos poderiam ter aprendido profundamente um com o outro. Uma coisa é certa, esses dois exemplos não deixam dúvidas de que nesses casos os excessos levam a erros e a virtude está no meio-termo.

Precisamos traçar um caminho que nos permita passar pela vida de uma forma em que consigamos equilibrar o presente com o futuro e não viver como se não tivéssemos uma rota ou um objetivo, que nos mostrasse aonde podemos chegar e nos esclarecesse se estamos evoluindo de uma forma satisfatória. No caso das finanças pessoais, esse roteiro é dado por uma ferramenta muito simples: o nosso orçamento, que nada mais é do que um lugar no qual lançamos todos os nossos recebimentos e todos os nossos desembolsos. Podemos fazer os lançamentos de diversas formas. Existem diversas ferramentas na web que podem nos ajudar nesse sentido. Um caderno pode ser uma alternativa para aqueles que não têm familiaridade com computadores, mas o principal é que a forma não deve ser obstáculo para fazer o controle.

De forma geral, falar sobre os recebimentos é mais fácil para os assalariados que têm uma única fonte de renda. Nesse caso, as receitas se resumem a um único lançamento no dia do pagamento. Isso já é mais difícil para profissionais liberais ou autônomos, ou seja, todos aqueles que têm rendimentos mensais que podem variar, mas é algo que vale a pena ser feito.

Depois disso, é necessário mapear os gastos, dividindo-os em três grupos diferentes. Os custos fixos, os gastos variáveis e os gastos ocultos.

Os custos fixos são, por exemplo, o aluguel, a mensalidade escolar, a parcela do financiamento imobiliário ou do veículo, enfim, todos aqueles valores que não mudam mensalmente e que, de certa forma, após termos incorrido neles, não temos capacidade limitada de controlá-los.

Quando falamos de nossos gastos com transporte, alimentação fora de casa, vestuário e outros, estamos falando de custos variáveis e, de alguma forma, temos algum controle sobre eles. No caso do transporte da nossa residência ao trabalho, podemos escolher como será feito, se de carro, táxi, ônibus, carona etc, e cada situação nos leva a um padrão diferente de custos.

Os custos ocultos costumam ser os grandes vilões. O nome "ocultos" vem de duas constatações: o fato de que em muitos casos não percebemos quanto dinheiro se vai nesse tipo de gastos e também de que muitas vezes nem percebemos o benefício que nos foi trazido por eles. Estamos falando da roupa comprada por impulso, dos chocolates a mais no carrinho de compras, do brinco extra comprado em uma feira de artesanato etc. Não conheço uma pessoa que tenha iniciado o controle dos custos ocultos sem se impressionar com o volume de recursos que gasta nisso.

Gostaria novamente de lembrar que não sou contra os custos ocultos, às vezes, são importantes. "*Hay cosas que te ayudan a vivir*" (Há coisas que te ajudam a viver) diz, em uma bela canção, o músico argentino Fito Páez.[2] Acho, entretanto, que o fato de saber quanto gastamos com essas despesas pode nos ajudar a gastar melhor.

Só após montar um orçamento podemos começar a ter uma noção mais clara da nossa situação financeira. Tenho excedentes? Será que tenho de

[2] PÁEZ, Fito. Un vestido y un amor. *El amor después del amor*, 1992.

cortar despesas ou conseguir novas receitas? Será que tenho capacidade de alcançar meus grandes sonhos?

Muitas pessoas pensam em orçamentos na hora em que estão em circunstância econômica muito difícil. É importante que o orçamento seja feito sempre, inclusive em momentos em que a situação é positiva.

As empresas bem administradas têm seus orçamentos e impõem metas de receitas e despesas a serem buscadas internamente. Se as empresas são assim, por que tanta gente reluta em montar um orçamento? A resposta é simples: falta de disciplina.

Por último, é importante destacar que um orçamento não é feito para gastar menos, senão para gastar melhor, ou seja, para cortar desperdícios e direcionar nossos recursos para coisas que nos trazem mais alegria de viver, seja para cada um de nós individualmente ou em conjunto com as pessoas com as quais nos importamos de verdade.

Em outras palavras, é preciso lidar com os nossos recursos de forma consciente, pois, por maiores que eles possam parecer, são limitados na sua essência.

CAPÍTULO XII

Sobre objetivos e vacas magras

PENSO QUE O OBJETIVO FINAL do planejamento financeiro é permitir que as pessoas consigam gastar melhor os seus recursos, em coisas de fato desejam e com isso, aumentar o grau de bem-estar.

Sem dúvida, para conseguir isso é fundamental ter um controle sobre a forma como estão sendo feitos nossos desembolsos. Entretanto, também é importante que tenhamos em mente os nossos objetivos financeiros, para que seja possível ver se o nosso orçamento caminha na direção de atingi-los.

Assim como podemos dividir os nossos tipos de despesas em fixas, variáveis e ocultas, também podemos dividir as nossas metas financeiras em três categorias principais, que são a reserva de emergência, a reserva para objetivos específicos e a reserva para a aposentadoria. Neste capítulo, vamos tratar das duas primeiras categorias. Para a reserva de aposentadoria, teremos um capítulo individual, dada a sua importância.

Para começar, gosto de lembrar que o dinheiro em si tem poucos atributos intrinsecamente ligados a ele mesmo. De forma geral, entendo que os atributos mais importantes do dinheiro não estão propriamente nele, mas nas coisas que podemos comprar com ele, ou seja, na maior parte dos casos, para poder ter benefícios com o dinheiro é preciso gastá-lo.

Contudo, existem alguns atributos que são do dinheiro em si. É possível citar pelo menos dois deles. O primeiro é a liberdade e o segundo, a tranquilidade. Ao ter dinheiro disponível, sentimo-nos de alguma maneira livres, pois podemos tomar algumas decisões de consumo que não poderíamos ter se não tivéssemos os recursos.

Mas gostaria de dedicar mais tempo discorrendo sobre a tranquilidade. Acho que as pessoas têm muito a ganhar se seu primeiro objetivo de investimento for a criação de uma reserva de emergência. Os ganhos de qualidade de vida podem ser muito grandes se conseguimos montar a reserva, pois essa nos traz a tranquilidade de poder enfrentar os imprevistos da vida de uma forma positiva, com menos apreensão.

Os imprevistos da vida acontecem sempre, acho que apenas se revezam. Um mês acontece de a geladeira da casa quebrar; no outro mês, ocorre um problema com o carro; no outro, uma multa de trânsito inesperada; depois, um problema no dente do filho, algum membro da família perde o emprego etc. Os imprevistos podem ser muitos e de diversas naturezas e gravidades.

Nos Estados Unidos, a prática do planejamento financeiro dá um nome interessante à reserva de emergência: *rayny day savings* (reserva para dias de chuva). O nome americano se refere a um dos problemas mais difíceis que podem ser enfrentados pela reserva de emergência, que são os períodos de desemprego. Nessa linha, talvez no caso do Brasil, fizesse mais sentido traduzir para "reserva para época de vacas magras", fazendo alusão ao sonho do Faraó, desvendado por José, no livro do Gênesis.[1]

Nos Estados Unidos, a prática do planejamento financeiro pessoal recomenda que uma pessoa tenha investido, a título de reserva de emergência, um montante equivalente entre seis e doze meses de despesas. Esses horizontes são determinados em função da expectativa média de recolocação profissional em caso de desemprego. No caso brasileiro, costuma-se dizer que a reserva poderia ser da ordem de três a seis meses de despesas.

---

[1] *Bíblia* (Gênesis 41, 27).

Essa diferença importante entre os valores de reserva de emergência nos EUA e no Brasil pode ser atribuída à lei trabalhista local, que é bem mais protetora dos direitos do trabalhador. Aqueles que estão dentro do regime da CLT[2] têm benefícios rescisórios, como o resgate do FGTS e a multa sobre o saldo. A existência desses benefícios permite que possa ser recomendada uma reserva de emergência menor.

Para saber se convém que o tamanho da reserva de emergência se aproxime mais dos três ou dos seis meses, é preciso levar em consideração, primeiramente, o que aconteceria em caso da perda da renda, ou seja, quais os saldos rescisórios disponíveis, mas também é preciso considerar os outros imprevistos que podem ter de ser cobertos em outras eventualidades. Um bom portfólio de seguros pode ajudar nesse sentido e permitir trabalhar um nível de reserva menor.

Dessa forma, uma pessoa pode ter uma reservava de emergência menor (perto dos três meses de despesas), se entende que o seu emprego é estável dentro da CLT, que suas verbas rescisórias são relativamente altas e que tenha um portfólio de seguros (automóvel, saúde e residência) que lhe permita não ter de recorrer à reserva em determinadas situações — já que o seguro poderá cobrir esses imprevistos. Para pessoas que têm características diferentes dessas, ou seja, não estão no regime da CLT ou não têm um portfólio completo de seguros, é recomendável trabalhar com níveis maiores, isto é, com uma reserva de emergência de até seis meses de despesas.

É conveniente que os recursos destinados à reserva de emergência sejam alocados em ativos de baixo risco, como caderneta de poupança, CDBs de instituições de primeira linha, Fundos Referenciados DI ou Fundos de Renda Fixa Conservadores. Investimentos em ativos de risco, como o mercado de ações, devem ser evitados neste caso, pois embora possam vir a se valorizar mais do que os ativos conservadores, também podem se desvalorizar e eventualmente, cair para níveis menores que os recomendados. Além disso, não convém investir em ativos de risco quando

[2] Consolidação das Leis do Trabalho.

esses podem ser resgatados a qualquer momento, já que pode ser necessário vender em momentos inadequados e realizar perdas. Os investimentos de risco podem começar a ser feitos após ter sido constituída a reserva de emergência, sempre com horizontes mais longos.

Existem outras formas de se preparar para as eventualidades, que são basicamente as linhas de crédito de curto prazo — tais como o cheque especial. Acho que esses mecanismos de financiamento são úteis para quem ainda não conseguiu construir a sua reserva emergencial, entretanto não dá para negar o fato de que a utilização de crédito, nesse caso, é financeiramente menos eficiente.

O segundo tipo de objetivo envolve todos aqueles bens e projetos que não se encaixam nem na reserva de emergência nem na aposentadoria. Estamos então falando da aquisição ou troca de um automóvel, a compra ou reforma de uma casa, o planejamento dos estudos próprios ou dos filhos, uma viagem de férias etc.

Esses objetivos específicos podem ser adquiridos tanto por financiamento, como por acumulação prévia, e é aqui que convém aprofundar um pouco.

É obvio que a poupança antecipada é financeiramente muito melhor do que financiar a compra de um bem, porém as finanças pessoais nunca são apenas numéricas, envolvem uma série de aspectos de qualidade de vida, cuja natureza não é numérica. Querer saber se já é melhor comprar um bem tomando emprestado recursos em um financiamento ou ir poupando até conseguir adquiri-lo mais adiante, olhando apenas para os valores financeiros, é esquecer-se dos benefícios pessoais da antecipação do consumo. É algo como querer medir a beleza de uma bela escultura de Rodin medindo apenas seu peso com uma balança. As medidas físicas não conseguem capturar a beleza da escultura, assim como o benefício de qualidade de vida, trazida pela antecipação do consumo, não consegue ser capturado pela matemática financeira.

Por exemplo, suponhamos um jovem que vai todo dia de casa ao trabalho de ônibus e surge a possibilidade de comprar um automóvel que lhe economizará por dia uma hora e meia para ir e uma hora e meia para voltar do trabalho. Digamos que esse rapaz tenha um nível de renda que lhe permite arcar com as prestações do automóvel. Pergunto se é melhor para ele financiar esse automóvel ou aguardar dois ou três anos para conseguir acumular os recursos suficientes para comprar um à vista? Entendo que o ganho de qualidade de vida que ele terá com a aquisição imediata pode compensar os juros que terá de pagar em decorrência do financiamento. O que falar de uma senhora que lava a roupa da família à mão e, em determinado momento, tem condições de comprar financiada uma máquina de lavar. Eu não teria coragem de dizer para ela esperar mais três anos e comprar à vista, pois assim conseguiria fazer o dinheiro trabalhar ao seu favor.

É importante sim, nesse caso alertar para que o total de bens financiados não exceda os limites tidos como seguros em termos de comprometimento de renda. Nessa linha vão duas sugestões.

A primeira é bastante conhecida e se refere ao fato de que convém evitar que mais de 30% da renda esteja comprometida com prestações. A segunda é de cunho bem prático: não vale a pena financiar um bem em um número de parcelas maior que a vida útil do mesmo. Ou seja, um carro pode ser comprado em 60 parcelas mensais (ou até mais), uma geladeira em 48 parcelas. Roupa digamos que em 6 meses e comida sempre em uma parcela. Essa simples prática evita que ainda esteja pagando um bem que precisa ser trocado por outro.

Suponhamos, por um momento, que alguém opte por fazer uma poupança prévia para adquirir um bem qualquer. A pergunta que deve ser respondida é em que devo investir esses recursos.

A resposta a essa pergunta não é muito simples, mas passa pelo menos pela avaliação de três aspectos centrais, dois ligados ao bem a ser adquirido e um ligado às características individuais do comprador.

As características ligadas ao bem são o prazo no qual ele será adquirido e a necessidade ou relevância do mesmo. Quanto mais distante for a data na qual o bem será adquirido, maiores são as possibilidades de investir parte do portfólio em ativos de risco, através de um portfólio diversificado. Se o horizonte for curto, digamos de um ano, os recursos devem ser investidos em renda fixa.

Necessidade ou relevância do bem se refere ao fato de que é diferente investir recursos destinados a financiar uma cirurgia ou a parcela intermediária de um apartamento, que se não for paga pode levar à perda do mesmo, do que investir em uma viagem de férias. As consequências decorrentes de um eventual desempenho ruim do portfólio são muito diferentes nesses casos. Ou seja, quanto maior for a relevância de um objetivo, menor a possibilidade de alocar parte em risco. Aqui cabe destacar que a relevância de um objetivo é muito pessoal. Pode haver pessoas para as quais a viagem é um objetivo de tal relevância que não vale a pena arriscar em ter alguma perda no portfólio, mesmo que haja chances de ter ganhos maiores.

Existe também uma componente pessoal no que se refere à forma como cada um consegue lidar com os riscos do mercado financeiro e com eventuais perdas. É fundamental que seja avaliado o perfil do investidor. Há pessoas que não conseguem lidar tranquilamente com as oscilações do mercado e ficam extremamente tensas com isso. Meu conselho a essas pessoas é que não direcionem seu investimento a risco. No fim das contas, existem tantas coisas para se preocupar na vida que não é necessário sair procurando mais uma.

Já outras pessoas lidam bem com o risco e, sem dúvida, podem começar a investir seus recursos em portfólios diversificados.

Hoje, as instituições financeiras fazem uma análise do perfil do investidor para ver se convém, ou não, que parte dos recursos seja alocada em investimentos que envolvam riscos maiores.

Por fim, gostaria de lembrar que assim como a maior parte das coisas em finanças pessoais, a escolha do tamanho da reserva de emergência, a decisão de financiar ou de investir, e a escolha de um portfólio são escolhas muito pessoais. De forma geral, não há formulas mágicas que possam ser aplicadas a todas.

CAPÍTULO XIII

O futuro, a aposentadoria e um belo samba

"**QUANDO EU NÃO PUDER** pisar mais na avenida,
quando as minhas pernas não puderem aguentar
levar meu corpo, junto com meu samba,
o meu anel de bamba
entrego a quem mereça usar.

Eu vou ficar no meio do povo,
espiando minha escola
perdendo ou ganhando
mais um carnaval.

Antes de me despedir,
deixo ao sambista mais novo
o meu pedido final.

Não deixe o samba morrer,
não deixe o samba acabar.
O morro foi feito de samba,
de samba para gente sambar".

É muito comum que músicas sejam feitas para tentar expressar o amor entre duas pessoas. Gosto muito do samba *Não deixe o samba morrer,*[1] pois ele não é assim, não é uma declaração à pessoa amada. É, na verdade, um cântico ao próprio samba e uma declaração de amor a tudo o que o envolve. Como diria Vinicius de Moraes: "O bom samba é uma forma de oração".

A letra traz em si algo de saudosismo, a dor de quem tem perfeita noção de que não poderá continuar para sempre fazendo o que parece ser a grande alegria da sua vida. Ao mesmo tempo, o samba é levado para um nível acima da sua própria existência, pois a continuidade do samba, mesmo que sem a sua presença, parece ser o maior desejo do sambista.

Na realidade, cito esse samba por os seus primeiros versos sempre trazerem à minha mente o pensamento de que, em algum momento, em função das condições naturais da vida, não teremos as mesmas condições de trabalhar e gerar renda para nosso sustento e de nossas famílias nos mesmos níveis que geramos nos nossos anos mais produtivos. A aposentadoria é um caminho natural, que assim como tantos outros caminhos, deve ser analisado e convém que nos preparemos para conseguir caminhar por ele em boas condições.

A dinâmica como as pessoas se preparam para o período em que deixarão de trabalhar mudou muito ao longo dos séculos. Na época em que o trabalho agrícola predominava, era frequente que as famílias fossem numerosas, exatamente para aumentar a capacidade de produção. Os filhos começavam a trabalhar cedo e continuavam junto dos pais por muitos anos.

Era também essa quantidade grande de filhos que tornava a aposentadoria mais simples. A probabilidade de que algum filho se dedicasse a sustentar os pais aumentava ou o esforço individual de cada um dos filhos para manter os pais diminuía, caso todos ajudassem um pouco.

O ponto é que a sociedade foi mudando ao longo do tempo e o número de filhos por casal se reduziu drasticamente em quase todo o mundo oci-

[1] Autoria de Edson Conceição e Aloísio Silva.

dental. Dessa forma, o modelo no qual os pais são sustentados pelos filhos é hoje bem mais difícil.

No mudo contemporâneo, a sociedade começou a lutar pelos seus direitos e os primeiros esforços públicos surgiram para garantir renda aos cidadãos de idade mais avançada. Desponta, então, a previdência pública, destinada a garantir condições mínimas de subsistência.

A previdência pública costuma trabalhar em dois formatos diferentes, também chamados de regimes, podendo ainda fazer uma combinação entre os dois. Um é o regime de distribuição, no qual os trabalhadores que estão na ativa contribuem com o regime, para acumular um volume de recursos que é imediatamente distribuído aos cidadãos que já se aposentaram. O segundo é o regime de capitalização, no qual cada trabalhador contribui para acumular um saldo, numa conta individualizada. O que cada um conseguir acumular durante sua vida de trabalho será o que determinará o valor da sua renda na aposentadoria.

O regime de repartição convém ser instalado em um país quando a parte da sociedade que está aposentada não tem riqueza acumulada para garantir sua subsistência e isso costuma acontecer em períodos de pós-guerra ou em outras circunstâncias nas quais tenha havido uma perda considerável de riqueza no país. O regime funciona bem quando a parcela da população que está na ativa é grande o suficiente em relação à parcela aposentada, a ponto de não exigir grandes esforços de transferência.

O regime de capitalização apresenta algumas características, uma desvantagem e uma vantagem sobre o regime de repartição. Uma característica é que o valor que a pessoa receberá de renda na sua aposentadoria é proporcional ao esforço de poupança durante sua vida na ativa e é também proporcional ao sucesso obtido na gestão dos recursos poupados, ou seja, a rentabilidade gerada pelo administrador do montante. A desvantagem é o problema enfrentado por pessoas que, por algum problema como doença, ficam durante longos períodos sem contribuição. Para eles, os valores que não foram acumulados nesses períodos poderão fazer falta no futuro.

A grande vantagem do modelo de capitalização transcende as próprias finanças pessoais, impactando também o ambiente macroeconômico. Quando a maior parte da sociedade guarda recursos sistematicamente para a aposentadoria, ocorre um aumento consistente nos volumes direcionados para captá-los, principalmente o mercado de capitais. Dessa maneira, novos empreendimentos conseguem ser financiados com recursos de longo prazo e por isso, cria-se um ambiente propício para o crescimento econômico de longo prazo, o que acaba gerando benefícios de longo prazo para toda a sociedade.

Quando um país, em função de uma piora na relação entre trabalhadores na ativa e aposentados, começa a ter problemas de sustentabilidade nas contas da previdência, acaba sendo obrigado a tomar medidas impopulares para fazer um ajuste. Essas medidas acabam sendo escolhas entre gastar menos com os aposentados, aumentando idade de aposentadoria e/ou reduzindo benefícios, ou exigir mais dos trabalhadores na ativa. A opção de transformar um regime de repartição em um regime de capitalização apresenta tantas dificuldades que pode ser inviável.

Para migrar de um regime de repartição para um regime de capitalização, seria necessário estimar quanto cada trabalhador já contribui com o sistema e gerar um saldo individual a partir do qual o contribuinte passaria a poupar, de forma a acumular o saldo para sua aposentadoria. Veja que nesse caso, o trabalhador passa a contribuir para seu próprio benefício e não mais para transferir para os trabalhadores já aposentados.

O problema é que se cada um passou a vida poupando para seu próprio benefício futuro, quem está gerando recursos para pagar os aposentados? O que acontece é que acaba recaindo sobre o Estado o custo de mantê-los, o que gerará déficits correntes e/ou necessidade de emissão de títulos para financiamento.

Veja que esse não é o único esforço que recai sobre o Estado. Os valores individualizados das contas dos trabalhadores da ativa também devem ser encarados como um custo dessa eventual migração de um modelo para outro. O montante total pode ser enorme, o que pode tornar uma migração simplesmente impossível.[2]

Verdade seja dita, para uma parte importante da população brasileira, o atual regime de previdência funciona muito bem, pois atende às necessidades de consumo que enfrentam no período de aposentadoria. O regime começa a não funcionar bem, a partir das camadas mais altas da classe média, para as quais o atual teto da previdência não é suficiente. Portanto, são essas pessoas que devem se preparar, poupando recursos no sistema privado de previdência, para complementar os recursos que receberão do sistema público.

Essa parte da população pode ter sucesso iniciando o planejamento da aposentadoria ao abordar quatro questões centrais. Como ficará seu nível de despesas? Qual o volume total de recursos que é preciso ter acumulado até a hora da aposentadoria? Quanto devo poupar para atingir esse valor? Como devem ser investidos os recursos?

Comecemos com o nível de despesas. Nos Estados Unidos, país onde a prática do planejamento financeiro pessoal está muito bem estabelecida, costuma-se ter como fato que o volume total de despesas cai entre 20% e 30% imediatamente após a aposentadoria, ou seja, o nosso nível de gastos fica entre 70% e 80% do nível anterior. Isso acontece porque desaparece uma série de despesas diretamente vinculadas com o fato de estar trabalhando, tais como transporte para ir ao trabalho e voltar, alimentação fora de casa, vestuário — isso sem esquecer o estudo e todas as coisas necessárias para se manter atualizado, como livros, jornais e revistas. Existe, entretanto, uma despesa que irá aumentar com o passar do tempo, trata-se dos gastos relacionados com a saúde.

É obvio que muitas pessoas podem dizer que conhecem alguém que gasta mais agora que está aposentado do que gastava quando estava na ativa.

---

[2] O Chile conseguiu, no começo dos anos 1980, migrar de um regime para outro. Muitos atribuem parte importante do forte crescimento econômico desse país à disponibilidade de recursos que foi canalizada para o mercado de capitais a partir de então.

Não dá para negar isso, porém essa redução de 20% a 30% nas despesas foi exaustivamente mapeada e representa apenas uma média. É claro que como em qualquer média, existem pontos extremos, no caso pessoas que reduziram mais do que 30% suas despesas e pessoas que aumentaram significativamente seus gastos. O ponto é que podemos começar a preparar a aposentadoria tendo em mente que essa redução ocorrerá. Caso alguém não se sinta confortável ou saiba que por características pessoais gastará mais, poderá adotar outro parâmetro para fazer suas estimativas.

A resposta à pergunta sobre qual valor deve ser acumulado pode ser respondida com o uso da matemática financeira. Para tal, basta usar como fluxo de desembolsos futuros um valor equivalente a 70% ou 80% do nível atual de despesas, considerando que parte das despesas será coberta pelo benefício da previdência pública. O horizonte de tempo pode ser estimado em digamos 30 anos, isso supondo que se a pessoa se aposentar aos 65 anos ainda terá mais 30 anos de vida, atingindo os 95.[3] Caso alguém não se sinta confortável, pode ajustar esse prazo com a ajuda das tábuas atuariais do IBGE.[4] É preciso também utilizar com cuidado uma taxa de juros real que remunerará os recursos. O cuidado deve ser grande, pois o volume a ser acumulado é muito sensível a esse dado e cabe ser conservador, porque o pior cenário é contar com uma remuneração elevada que não irá ocorrer e com isso, não permitirá a obtenção da renda necessária pelo prazo desejado. Com o auxílio de uma calculadora financeira ou com as ferramentas de uma planilha eletrônica, pode ser gerado o montante necessário a partir desses *inputs*: parcela de despesas não coberta pela previdência pública, taxa de juros e prazo.

Para calcular o valor a ser poupado mensalmente, é necessário utilizar o valor a ser acumulado na aposentadoria (calculado com a lógica do parágrafo anterior), além da taxa de juros real que incidirá sobre os valores

---

[3] Pode também ser usado o modelo de Gordon, que estima um montante a ser desembolsado perpetuamente, ou seja, que nunca acaba.

[4] Caso alguém queira relembrar conceitos sobre as Tábuas Atuariais, favor rever a Seção 1, Capítulo II.

aplicados além de um prazo, referente ao período pelo qual serão poupados os recursos. Novamente, será preciso a ajuda de uma calculadora financeira ou uma planilha eletrônica. Existem também vários sites que podem ajudar nesse cálculo. Alguns são independentes e outros vinculados a instituições financeiras.

É preciso, finalmente, responder a questão sobre onde os recursos devem ser investidos. O que devemos ter em mente é que os horizontes de aposentaria são geralmente muito longos. Dessa forma, pode valer a pena direcionar uma parte dos recursos a ativos de risco, como o mercado acionário, já que por causa dos longos horizontes, há tempo para deixar os prêmios de risco aparecerem[5] e assim, obter retornos superiores aos que seriam obtidos caso todos os recursos fossem investidos em renda fixa. Veja que os investimentos direcionados ao mercado acionário podem ser feitos através de fundos de investimento ou da compra direta de ações por uma corretora, ou ainda do investimento em um plano de aposentadoria que invista parte em renda variável.

Entendo que a parcela que cada um deve investir em ações para aposentadoria é tão pessoal e depende de tantas variáveis que pode ser interessante a conversa com algum planejador financeiro pessoal, a fim de que a alocação seja compatível com o perfil.

Por último, gosto de imaginar que após anos de trabalho, as pessoas merecem com certeza uma vida digna, dedicada às coisas que lhes trazem alegria, que podem até serem remuneradas, mas sem a mesma exigência de resultados que caracteriza a vida produtiva atual. Penso que muitos gostariam de dedicar todo o conhecimento e experiência adquiridos ao longo da vida a trabalhos voluntários ou artísticos, em um ritmo leve e prazeroso, adequado a cada um — tal como o prazer trazido pela cadência de uma bela música ou, quem sabe, um belo samba.

---

[5] Veja Seção 1, Capítulo III.

CAPÍTULO XIV

Juros, renda fixa e parábola dos talentos

> **"CHEGANDO, POR FIM,** o que recebera um talento disse: 'Senhor, sabendo que é um homem severo, que ceifa onde não semeou e ajunta onde não espalhou, receoso, escondi na terra o seu talento; tome aqui o que é seu'.
>
> Respondeu-lhe, porém, o senhor: 'Servo mau e negligente sabia que ceifo onde não semeei e ajunto onde não espalhei? Cumpria, portanto, que entregasse o meu dinheiro aos banqueiros; e eu, ao voltar, receberia com juros o que é meu'."[1]

Para começar, cabe lembrar que o talento era uma moeda que circulava no Império Romano nos tempos de Jesus e, por seu elevado valor, era utilizado em transações que envolviam grandes quantias de dinheiro — como aquelas envolvendo propriedades rurais ou dotes de casamento em famílias aristocráticas. Foi a partir do cristianismo e sem dúvida em função da lição escondida na parábola acima citada, que o talento recebeu também

---

[1] *Bíblia* (Mateus 25, 24-27).

um significado ligado às habilidades pessoais com as quais somos dotados por natureza. O servo que recebera um talento não fez nada com ele, já os que tinham recebido cinco e dois talentos construíram a partir do que receberam e foram recompensados por isso. A lição que fica é que independentemente do tamanho e quantidade das nossas habilidades inatas, é importante que as desenvolvamos para evoluir individualmente e prestar com elas serviços à sociedade.

Voltando ao mundo das finanças, vale dizer que certamente o ensinamento que Jesus tentava passar não se referia à existência das taxas de juros, nem ao mercado financeiro, nem muito menos à forma como os ativos de renda fixa podem trazer benefícios para um portfólio diversificado. De fato, o trecho da parábola dos talentos foi inserida neste capítulo apenas para iniciar a discussão de que os juros não são uma invenção moderna do capitalismo e nem um fardo imposto pelos bancos à sociedade. Os juros estão presentes na história remota da humanidade e a naturalidade como Jesus colocou isso na parábola há mais de dois mil anos revela isso claramente.

As consequências de negar a existência natural dos juros podem ser muito graves. Vejamos o que aconteceu na Idade Média, quando vigorou a lei da usura, que impedia a geração de dinheiro pelo dinheiro, já que o pão deveria ser ganho com o suor do rosto.[2] O efeito disso foi uma reduzida disponibilidade de recursos para financiar consumo e para novos investimentos, o que levou a uma enorme estagnação econômica, com consequências culturais de todo tipo.

É importante entender que a essência dos juros está vinculada à própria natureza do ser humano, que entende que sua vida é limitada e de duração indefinida. Dessa forma, qualquer decisão que implique adiar algum tipo de bem-estar, em função de um benefício futuro, tende a ser muito difícil de ser tomada. O futuro é sempre apenas uma possibilidade.

---

[2] *Bíblia* (Gênesis 3,19).

Quando alguém se depara com situações que envolvem antecipar ou adiar consumo, podemos dizer que essa pessoa está encarando uma escolha intertemporal. Esse tipo de escolhas pode ser de duas naturezas. O primeiro tipo, refere-se ao adiamento de bem-estar, como por exemplo, quando alguém decide não gastar parte da sua renda e opta por poupar parte dos seus recursos. O segundo tipo, é a antecipação de bem-estar, que ocorre toda vez que alguém toma recursos emprestados para consumir hoje. No primeiro tipo, opta-se pelo futuro; no segundo, pelo presente. Para que alguém opte por adiar uma decisão de bem-estar, espera-se que receba algo em troca, que torne o consumo futuro não apenas igual ao que seria consumido agora, senão maior. Por outro lado, toda vez que alguém decide antecipar uma decisão de consumo, seria justo que pagasse o preço por isso, ou seja, saciasse sua necessidade atual, pagando um valor maior por isso.

As taxas de juros não são senão o preço que equilibra essa decisão entre adiar e antecipar consumo entre todas as partes integrantes da sociedade. Por um lado, se a taxa de juros é muito baixa, muitos agentes econômicos podem optar por antecipar decisões de consumo e muitas outras optarão por não tomar decisões de investimento, isso por conta de o custo da antecipação ser baixo e o benefício do adiamento, alto. Em uma situação como esta, é muito provável que economia entre em um ponto onde não consegue atender todo o desejo de consumo, o que pode levar a um processo inflacionário e a uma consequente posterior necessidade de elevação de juros pela autoridade monetária. Embora a taxa básica de juros da economia seja determinada pelo Banco Central, ela age em resposta a desequilíbrios provocados pela já conhecida (e irrevogável) lei da oferta e da demanda.

Por outro lado, caso a taxa de juros da economia seja muito elevada, ocorrerá que muitas decisões de antecipação de consumo deixem de ser tomadas, já que o custo da antecipação é muito alto. Muitas decisões de adiamento de consumo passarão também a ser feitas, já que a recompensa pelo adiamento é alta. Em uma situação de baixo consumo como essa, seria provável que a economia entrasse em um ciclo de baixa atividade econômica, com baixo crescimento, o que poderia levar a autoridade monetária a tentar equilibrar as decisões de antecipação e adiamento através de uma redução da taxa de juros.

Neste capítulo, vamos abordar a forma como convém utilizar os juros, tanto para aqueles que desejam adiar decisões de consumo, investindo recursos, como para aqueles que desejam antecipar decisões de consumo, tomando dinheiro emprestado — vamos abordar investimentos.

Os títulos de renda fixa são aqueles cuja remuneração está vinculada a algum tipo de taxa de juros. Esses títulos cabem muito bem na maior parte dos portfólios, mesmo naqueles destinados a investidores agressivos, já que por sua natureza apresentam correlações muito baixas com os investimentos vinculados ao mercado acionário. Em outras palavras, reagem de forma muito diferente às oscilações do mercado. Assim sendo, investidores agressivos podem obter bons ganhos de eficiência ao direcionar parte dos seus recursos ao mercado de renda fixa.

Segundo a Teoria da Separação, de James Tobin, uma ótima escolha do portfólio de um investidor deve ser feita a partir de duas escolhas centrais. A primeira é a definição de um portfólio de ações e a segunda é a definição do mix de ações e de renda fixa livre de risco que deverá compor o portfólio.

O conceito de renda fixa livre de risco que aparece com frequência na moderna teoria de finanças é, na verdade, uma licença poética (ou acadêmica, no caso), já que a existência desse ativo é questionada por muitos. De fato, é difícil acreditar que exista um ativo totalmente livre de risco. De forma geral, o ativo que mais se assemelha são os títulos de curto prazo emitidos pelo Tesouro dos Estados Unidos, pois por um lado o risco de oscilação dos títulos decorrente das variações das taxas de juros é muito baixo, exatamente por serem de curto prazo e por outro, o risco de crédito também é baixo, em função da solidez e força da economia americana, e do fato do dólar ser uma moeda internacionalmente aceita — o que permitiria aos EUA, em um caso extremo, emitir moeda para o pagamento da sua dívida. Na prática, para aqueles investidores que estão fora do território norte-americano e sem acesso a investimentos, resta utilizar, como ativo livre de risco, os títulos públicos de curto prazo emitidos pelo seu país de origem.

O que decorre da visão de Tobin é que a renda fixa se assemelha a uma argamassa, sobre a qual é levantada uma parede e que serve para dar liga ao conjunto. Ou ainda, para utilizar uma metáfora bem brasileira, a renda fixa é o arroz com feijão do prato, que sacia a fome, enquanto cabe a um acompanhamento, como carne ou frango (no caso, o mercado acionário), dar o gosto e fazer a diferença.

Mas cabe agora destacar que nem todos os investimentos em renda fixa são iguais. Já citamos anteriormente que existem várias classes de ativos de renda fixa. A primeira diferenciação refere-se ao tipo de emissor. De forma geral, dentro de um país os títulos de emissão do governo são de menor risco de crédito do que os títulos emitidos por agentes privados. Isso decorre do fato de que o Estado detém o poder sobre a emissão da moeda, bem como o poder de aumentar impostos sobre a sociedade.

A segunda refere-se ao tipo de indexador ao qual o título está relacionado, ou seja, como é composta a remuneração do título. Aqui serão destacados títulos com quatro naturezas distintas: os títulos prefixados, os pós-fixados em taxa flutuante, os indexados à inflação e a moedas estrangeiras.

Os títulos prefixados são aqueles cujo valor de resgate é conhecido na hora da realização do investimento. Ou seja, o investidor negocia uma remuneração que será aplicada sobre o valor do recurso investido e que determinará qual será o montante a ser resgatado no vencimento da operação. De forma geral, muitos investidores gostam desse tipo de aplicação, pois se sentem confortáveis em conhecer o valor que receberão no futuro quando a aplicação vencer. Portanto, esse tipo de aplicação em renda fixa aparenta ser bem conservador, já que não há espaço para surpresas, pois nele tudo é conhecido: valor investido, juros contratados, prazo e valor de resgate. Na verdade, é importante dizer que o fato de conhecer todos os parâmetros não torna essa operação conservadora. Efetivamente, aquilo que torna a operação interessante é o conhecimento antecipado de todos os parâmetros, principalmente o valor a ser resgatado, e a torna também arriscada em certas circunstâncias. Vamos exemplificar.

Suponha que um investidor decide aplicar cem moedas (podem ser dólares, reais ou até talentos se quiser) a uma taxa prefixada de 100% em três anos, ou seja, ela receberá após esse período um montante de duzentas moedas. Suponha por um instante que um choque externo afete a economia do país onde o investidor mora e a inflação se eleve de forma drástica para mais de 100% ao ano. O que aconteceu com o investimento? Bem, suponhamos em primeiro lugar que o investidor tenha decidido manter a sua aplicação e só resgatar os seus recursos após três anos. Nesse caso, as duzentas moedas que ele for receber terão perdido poder de compra e não servirão para adquirir nem sequer a mesma quantidade de produtos que eram adquiridos na hora da realização do investimento. Suponhamos em segundo lugar que o investidor, ao ver que a inflação acelerou, prefira não esperar os três anos e opte por resgatar pouco tempo depois os seus recursos. Lamentavelmente, nem assim ele poderá livrar-se do prejuízo, pois as taxas de juros negociadas já terão incorporado a perspectiva de elevação dos juros provocada pelo aumento da inflação e, certamente, ele não resgatará nem as cem moedas que ele tinha investido. Pois é... Quando o valor futuro é conhecido, o valor do investimento no presente pode oscilar.

Obviamente, o cenário traçado foi extremo para tentar evidenciar mais o conceito, entretanto esse tipo de risco está sempre presente em um investimento com taxas de juros prefixadas e depende diretamente do prazo pelo qual os recursos permanecerão investidos. Aplicações prefixadas de prazo mais curto têm menos risco decorrente das oscilações da taxa de juros, enquanto que aquelas de horizontes mais longos têm mais risco.

Existe então um tipo de aplicação que reduz ou até elimina esse risco decorrente da oscilação da taxa de juros, que são as aplicações em taxa flutuante. Esse tipo de aplicação recebe esse nome devido aos juros com os quais serão remunerados os investimentos a serem repactuados periodicamente, para que sejam compatíveis com as taxas vigentes no ato da referida repactuação. Obviamente, quanto mais frequente for essa repactuação, menor será o risco da operação. Em mercados desenvolvidos, é comum que existam repactuações semestrais ou trimestrais. No caso brasileiro, em função da instabilidade econômica, que imperou por muitos anos, temos operações com repactuação automática diária.[3] Veja que, ao haver repactuações diárias, o risco de oscilação de juros não é apenas mitigado, mas, a rigor, eliminado. Imagine aquele nosso investidor das cem moedas. Se tivesse investido em títulos remunerados à taxa flutuante, com repactuação diária, ele não teria sofrido com a elevação dos juros decorrentes do aumento da expectativa da inflação, pois assim que os juros fossem elevados, ele passaria a receber uma remuneração maior e certamente no vencimento da sua aplicação, teria bem mais do que suas duzentas moedas. Vejam só que aparente contradição, ao não ter certeza absoluta sobre o valor recebido no futuro, o risco da operação se reduziu.

De certa forma, ainda prevalece um risco nessa operação, que é o fato de que a autoridade monetária, responsável pela determinação da taxa de juros, pode ser lenta na elevação dos juros, o que pode provocar algum tipo de perda de poder de compra, mesmo nas operações a taxas flutuantes. Em vista disso, surge um importante espaço para aqueles investidores que desejam se proteger de forma mais consistente contra a inflação, que é o investimento em títulos cuja remuneração está diretamente vinculada à variação de um índice de inflação.

Quem investe em um título dessa natureza passa a receber correção pelo índice contratado,[4] além de um juro real, que rentabiliza a operação e permite ganhos de poder de compra no longo prazo. Obviamente, nesse tipo de aplicação, o valor futuro a ser resgatado também não é conhecido, pois depende de como será a inflação no período.

---

[3] As LFTs são títulos emitidos pelo Tesouro Nacional que rendem diariamente a Taxa Selic. São títulos remunerados à taxa flutuante com repactuação diária. Bancos oferecem também CDBs indexados à Selic.

[4] As NTN-B e NTN-C são títulos emitidos pelo Tesouro Nacional com remuneração indexada respectivamente ao IPCA e ao IGP-M.

Vale destacar que investimentos nesse tipo de títulos de renda fixa podem apresentar grande variabilidade nas suas rentabilidades. Em primeiro lugar, devido aos índices de inflação poderem variar muito de mês para mês e, em segundo, porque este tipo de investimento, ao apresentar um componente de juro real, pode exibir nesse componente um efeito semelhante aos dos títulos prefixados, ou seja, podem se desvalorizar no curto prazo, caso a expectativa de juros aumente. No entanto, este tipo de investimento é muito importante para quem quer proteger seus recursos no longo prazo e referindo-me a um ensinamento de capítulos anteriores, lembro que olhar e avaliar investimentos de longo prazo no curto prazo pode ser um erro semelhante a querer navegar guiado não por uma bússola e um astrolábio, mas por uma lupa.

Investimentos em renda fixa atrelada à moeda estrangeira podem ser interessantes para aqueles que têm uma dívida nessa moeda ou que têm algum tipo de vínculo com o exterior, tal como um dependente que lá mora ou ainda, aqueles que planejam poupar para realizar uma viagem.[5]

Por fim, vale lembrar que a diversificação também faz sentido dentro da parcela de renda fixa, isto é, variar investimentos nas famílias de renda fixa, prefixada, flutuante, indexada à inflação e em moeda estrangeira pode trazer os benefícios de ganhos de eficiência na relação de risco e retorno, já que as correlações entre essas famílias não são tão elevadas.

Já no fim do capítulo, lembrei-me de uma coisa: a capacidade de construir um portfólio eficiente acaba se tornando um talento adquirido...

---

[5] As NTN-D são títulos, emitidos pelo Banco Central, indexados à variação do dólar.

CAPÍTULO XV

Aplicações periódicas no mercado acionário, a estratégia do devagar e sempre

CARL VON CLAUSEWITZ dizia que a estratégia era uma economia de forças. A ideia consegue traduzir muito o porquê é importante investir no mercado e em ações com uma estratégia definida. Já falamos muito da dificuldade que exige tentar ser um investidor ativo no mercado de ações. É preciso ter muito conhecimento sobre o mercado e sobre os diversos fatores que impactam o preço dos ativos. Ao mesmo tempo, é necessário dedicar tempo para analisar as melhores opções de investimento, enfim, é difícil superar consistentemente o mercado e estar à frente de tantos outros analistas que se dedicam a encontrar ativos mal precificados. Entretanto, sabemos que existe um tesouro escondido no mercado, que será conquistado por aqueles que conseguirem aguardar tempo suficiente para os Prêmios de Risco aparecerem.

Inúmeros autores têm abordado a questão de como deveriam ser feitos os investimentos no mercado acionário, principalmente para investidores iniciantes ou que não pretendem dedicar a maior parte do seu tempo a analisar o mercado. Eles apontam para a estratégia de investimentos periódicos como a melhor alternativa de risco e retorno no longo prazo.

Nesse sentido, um estudo elaborado pelo professor Jurandir Macedo[1] mostra de forma bastante clara a superioridade de um investimento feito de forma periódica ao longo do tempo sobre outras alternativas, desde que os resgates também sejam feitos de forma periódica.

Antes de abordar com mais detalhes os resultados do estudo do professor Jurandir, é importante destacar que algumas instituições já disponibilizam mecanismos de aplicações automáticas pré-agendadas para datas específicas do mês. Ao utilizar esse tipo de ferramenta, agendando as aplicações para o dia do recebimento do seu salário, o investidor passa a proteger-se de si mesmo utilizando a estratégia do "pague-se primeiro". Sabemos que ao investir imediatamente o salário recebido, o investidor acaba poupando muito mais do que se investisse as sobras no fim do mês, isso acontece porque quando deixamos os investimentos para depois, geralmente acaba não sobrando nada. Assim sendo, esse tipo de estratégia é, sem dúvida, um mecanismo de autoproteção.

No seu estudo, o professor Jurandir simulou três estratégias diferentes para investir no mercado. A primeira foi a estratégia de uma aplicação e um resgate dez anos depois. A segunda foi a estratégia de 120 aplicações mensais (dez anos) e um único resgate no fim do período. Já a terceira foi a estratégia de 120 aplicações mensais e 60 retiradas mensais, começando logo após o ciclo de acumulação.

O estudo foi feito simulando aplicações no próprio índice Bovespa em US$, a partir da data da sua criação em 1968.

Na primeira estratégia, a de uma aplicação e um resgate após 10 anos, foram simuladas ao todo 384 operações, sendo que a primeira aplicação foi considerada em janeiro de 1968 com resgate em dezembro de 1977. A

---

[1] MACEDO JR., Jurandir Sell. *A Árvore do Dinheiro.*

segunda aplicação foi em fevereiro de 1968 e o resgate em janeiro de 1978, e assim sucessivamente. Essa primeira estratégia apontou para um retorno médio anual em dólares de 10,86% ao ano, com um risco, medido através do desvio padrão, de 9,28% ao ano. Só como comparação, a poupança teria rendido 6,82% ao ano.

A segunda estratégia foi a de fazer 120 aplicações mensais e um único resgate, isto é, o primeiro ciclo de aplicações mensais começou em janeiro de 1968 e terminou em dezembro de 1977, sendo que o resgate ocorreu de uma só vez, imediatamente após o ciclo de aplicações. Nessa segunda estratégia, o retorno subiu para 12,72% ao ano e o risco também subiu para 12,74% ao ano.

A terceira estratégia foi a de fazer 120 aplicações mensais e efetuar o resgate em 60 parcelas mensais, de tal forma que o primeiro resgate representasse 1/60 avos do total, o segundo 1/59 avos, o terceiro 1/58 avos e assim sucessivamente, até que o último dos 60 resgates liquidasse todo o valor ainda investido. Com tal estratégia, obteve-se um retorno de 13,78% ao ano, ou seja, superior ao das outras duas estratégias e um risco de 7,25% ao ano, quer dizer, bem menor do que as outras duas.

Veja que dentre todas as alternativas, a que mais combina com a poupança para a aposentadoria é, sem dúvida, a terceira, pois quando pensamos em investimentos para a previdência, sempre falamos de períodos longos de acumulação e períodos longos de gastos.

O estudo ainda conclui quanto representaria uma aplicação de US$100 em janeiro de 1968, caso incidisse o retorno anual de cada estratégia até outubro de 2009:

Poupança (6,82% a.a): US$1.579,91
Estratégia 1 (10,86% a.a): US$7.475,67
Estratégia 2 (12,72% a.a): US$14.969,29
Estratégia 3 (13,79% a.a): US$22.249,60

Obviamente, nunca é demais repetir que resultado passado não é garantia de resultado futuro, entretanto isso não tira o fato de que o estudo também mostra o poder do Prêmio de Risco do mercado acionário no longo prazo.

Falta ainda uma consideração final sobre o estudo: é importante destacar que as aplicações periódicas em portfólios diversificados, que buscam replicar índices de ações, como fundos passivos ou ETFs, são ainda mais interessantes do que adotar essa estratégia com ações de uma única empresa. Ao fazer isso, mitiga-se não apenas o risco de oscilações em função do tempo, mas também o risco específico de uma empresa, pois ele é diluído em um portfólio diversificado.

Por último, preciso dizer que para evitar que ocorram resgates antecipados, é importante que os investimentos em ações sejam feitos após ter conseguido montar uma reserva de emergência. Essa reserva, que em caso de eventualidade será resgatada sem comprometer os investimentos em ações, deve estar investida em ativos livres de risco.

Tenho certeza de que os investidores sempre andam atrás de respostas mais diretas (algo do tipo "compre agora" ou "venda agora"), mas não posso fugir da responsabilidade de dizer que, mais do que tentar acertar o momento de entrar ou sair da bolsa, é importante manter um plano de investimentos.

Resumindo, é importante investir no mercado de ações aos poucos, desde que tenha uma reserva de emergência constituída e desde que seus horizontes de investimento sejam longos e seu perfil de tolerância a risco assim o permita — faça o teste de avaliação de perfil do investidor disponível nos bancos. Dessa maneira, poderá se valer daquilo que o mercado acionário tem de mais valioso a oferecer: Prêmios de Risco de longo prazo. Em outras palavras, às vezes, o mercado imita a vida e, fazendo referência a minha avó e a Carl Von Clausewitz, resumo ainda mais a minha recomendação: invista em ações devagar e sempre, e economize forças com essa boa estratégia.

CONCLUSÃO

ESTE LIVRO, em função do seu formato de mosaico, não apresentou no capítulo anterior nenhum sinal de que estávamos chegando ao fim.

Esta breve conclusão não pretende resumir os diversos conteúdos que abordamos na forma de pinceladas. É apenas uma despedida, com os desejos de que o leitor tenha conseguido aprender muito sobre o mercado e sua mente, para que assim consiga traçar melhor os seus próprios planos.

BIBLIOGRAFIA

ABEL, A. B.; MANKIW, N.G.; SUMMERS L.H.; Zeckhauser R.J. Assessing Dynamic Efficiency: Theory and Evidence. *The Review of Economic Studies*. v. 56, n. 1, p. 1-19, 1989.

ASSIS, Machado de. *Memórias póstumas de Brás Cubas*. Klick Editora, 1997.

BARBERIS, N.; MING, H.; SANTOS, T. Prospect Theory and Asset Prices. *The Quarterly Journal of Economics*. v. 116, n. 1, p. 1-53, 2001.

BAUCELLS, M.; HEUKAMP, F.H. Reevaluation of the results of Levy and Levy. *Organizational Behavior and Human Decision Process*. v. 94, n. 1, p. 15-21, 2002.

BENARTZI, S.; THALER, R. Myopic Loss Aversion and the Equity Premium Puzzle. *Quarterly Journal of Economics*. v. 110, n. 1, p. 73-92, 1995.

BONOMO, Marco A.; DOMINGUES, Gabriela Bertol. Os Puzzles Invertidos no Mercado Brasileiro de Ações. In: BONOMO, Marco A. (Org.). *Finanças Aplicadas ao Brasil*. Rio de Janeiro: FGV, 2002. p. 105-117.

CAMPOAMOR, Ramon de. Dolora XVIII: Las dos linternas. *Doloras*, 1846.

CERVANTES, Miguel de. *Don Quijote de La Mancha*. Madrid: Alfaguara, 2004.

CLAUSEWITZ, Carl Von. *On War.* Everyman Library, 1996.

CONSTANTINIADES, G.M.; DUFFIE, D. Asset Pricing with Heterogeneous Consumers. *Journal of Political Economy.* v. 104, n. 2, p. 219-240, 1996.

COX, J.; INGERSOLL, J.E.; ROSS, S. A. A Theory of the Term Structure of Interests Rates. *Econometrica.* v. 53, n. 2, p. 385–407, 1985.

CYSNE, Rubens P. Equity-Premium Puzzle: Evidence From Brazilian Data. In: ENCONTRO NACIONAL DE ECONOMIA, 23., 2005, Natal.

FISHER, K.; STATMAN, M. A Behavioral Framework for Time Diversification. *Financial Analysts Journal.* v. 55, n. 3, p. 88–97, 1999.

GONZALEZ, R.; WU, G. On the Shape of the Probability Weighting Function. *Cognitive Psychology.* v. 38, n. 1, p. 129–166, 1999.

HENBER, Mark T. *Index funds. The 12-step program for active investors.* IFA Publishing, 2007.

HOMERO. *A Odisseia.* Rio de Janeiro: Ediouro, 2001.

IGLESIAS, M. C.; BATTISTI, J. E. Y.; PACHECO, J. M. O comportamento do Investidor brasileiro na alocação de ativos. In: *Encontro da Sociedade Brasileira de Finanças*, 2006.

KAHNEMAN, D.; TVERSKY, A. Prospect Theory: Analysis of Decision under Risk. *Ecometrica.* v. 47, n. 2, p. 263-292, 1979.

______. Choices, Values and Frames. In:______. *Choices, Values and Frames.* New York: Russell Sage Foundation, Cambridge University Press, p. 67-92, 1984.

LEVY, H.; LEVY M. Experimental Test of The Prospect Theory: A Stochastic Dominance Approach. *Organization Behavior and Human decision Process.* v. 89, p. 1058-1081, 2002.

MACEDO JR. Jurandir Sell. *A Árvore do Dinheiro*. Elsevier, 2010.

MARKOVITZ, Harry M. Portfolio selection. *The Journal of Finance*. v. 7, p. 77-91, 1952.

MEHRA, R.; PRESCOTT E. C. The Equity Premium: A Puzzle. *Journal of Monetary Economics*. v. 15, p. 145-161, 1985.

______. The Equity Premium in Retrospect. *Handbook of the economics of finance*. v. 1. Cap. 14, p. 888-935, 2003.

MORGENSTERN, O.; VON NEUMAN, J. *Theory of Games and Economic Behavior*. New Jersey: Princeton University Press, 1980.

SHILLER, Robert J. *Irrational Exuberance*. New Jersey: Princeton University Press, 2001.

SMITH, Vernon L.; SUCHANEK, Gerry L.; WILLIAMS, Arlington W. Bubbles, Crashes, and Endogenous Expectations in Experimental Spot Asset Markets. *Econometrica*. v. 56, p. 1119-1151, 1988.

SUASSUNA, Ariano. *O auto da compadecida*. Rio de Janeiro: Agir, 2004.

TVERSKY, A.; KAHNEMAN, D. Advances In prospect Theory: Cumulative Representation of Uncertainty. *Journal of Risk and Uncertainty*. v. 5, n. 4, p. 297-323, 1992.

THALER, R.; TVERSKY A.; KAHNEMAN, D.; SCHWARTZ, A. The effect of myopia and loss aversion on risk taking: An experimental test. *Quarterly Journal of Economics*. v. 112, n. 2, p. 647-661, 1997.

ÍNDICE

S

T

U

V

ROTAPLAN
GRÁFICA E EDITORA LTDA
Rua Álvaro Seixas, 165
Engenho Novo - Rio de Janeiro
Tels.: (21) 2201-2089 / 8898
E-mail: rotaplanrio@gmail.com